Köln

Satirisches Handgepäck
von Robert Griess

Michael Müller Verlag

Inhalt

Der Autor

Robert Griess

Robert Griess ist Kabarettist, Autor und Vagabund. Geboren in Bonn, lebt er seit gut 30 Jahren in Köln. Von hier aus bereist er die Bühnen der Republik und tritt, wenn man ihn lässt, auch in Radio und TV auf. Auch nach Rio, Brüssel, Lissabon, Stockholm, St. Petersburg und ans Nordkap führte ihn das Künstlerleben schon. Griess ist Organisator des am Humorstandort Deutschland einzigartigen Schlachtplatte-Ensembles und Künstlerischer Leiter des Kölner Streithähne-Festivals für politisches Kabarett. 2012 erschien sein Roman »Stappers Revolte«. Außerdem im Handel: die Doppel-CD »Ich glaub', es hackt!« Der »Kölner Stadt-Anzeiger« nennt Griess »einen der schillerndsten Charaktere der deutschen Kabarett-Szene«.

Für alle, die nach Köln kommen,
ganz egal, woher

Jeck,
loss Jeck elans!

Wanderer, kommst du nach Köln …

Liebe Kölner,
eine der Stärken der Rheinländer ist, über sich selbst lachen zu können. Wer das nicht mag, braucht gar nicht weiterlesen. Sorry, Fehlkauf bzw. falsches Geschenk. Tschö mit ö! Allen anderen wünsche ich viel Spaß, ihre Stadt aus einer neuen Perspektive kennenzulernen.

Wanderer, kommst du nach Köln,

dann sagt dir der Einheimische: »Willkommen in der schönsten Stadt der Welt!« Und du denkst: Was an dieser lauten, müffelnden, dreckigen Stadt soll schön sein? Gut, der Dom, die romanischen Kirchen und ein paar Reste römischer Bauwerke. Aber was nach der Zerstörung im Zweiten Weltkrieg alles gebaut wurde – nun, wir wollen das Wort »schön« nicht missbrauchen. Doch wahre Schönheit kommt von innen! Und da hat Köln mehr zu bieten als jede andere Stadt im Land! »In mingem Hätz, do wonnt de Sonnesching«, lautet das Mantra der Kölner. In meinem Herzen wohnt der Sonnenschein. Es gibt kaum ein großzügigeres Völkchen als die Jecken vom Rhein. Großzügig gegen sich selbst, sowohl was Selbstbedienung als auch den Umgang mit der Wahrheit angeht. Doch auch großzügig gegenüber dem Rest der Welt: So teilen Kölner ihre Gedanken bereits im Moment des Entstehens ihren Mitmenschen mit, manchmal sogar noch früher. Ebenso laden sie die ganze Welt ein, zu jeder Gelegenheit mit ihnen gemeinsam zu feiern. Da du, Wanderer, ein Forscher bist, der die Eigenheiten der Hiesigen ethnologisch, anthropologisch und psychologisch erfassen will, versuche als einer von ihnen deinen Blick von außen einzunehmen, um dir diese Stadt näherzubringen. Das geht am besten satirisch, denn ernst nehmen kann man die Kölner nur bedingt. Köln ist eine Provinzstadt, die sich für eine Weltmetropole hält. Die Kölner bleiben am liebsten in ihrem Veedel, halten sich aber für Kosmopoliten. Die Stadt will immer das Beste, scheitert aber regelmäßig an sich selbst. Was für die Einwohner seit Jahrhunderten das Normalste der Welt ist. Stets heißt es zur Entschuldigung wie zur Rechtfertigung: »Ey, mir sin in Kölle!« Als gälten hier andere Gesetze, die quasi zum Versagen zwingen: »Wir sind hier in Köln!« Bau-, Korruptions- und Betrugsskandale? »Wir sind in Köln, Alter!« Inkompetente Politiker, die noch inkompetentere Politiker in die wichtigsten Jobs von Verwaltung und Wirtschaft befördern? »Wir sind in Köln. Da muss man auch mal ein X für ein U nehmen.« Eklatante Verschwendung von Steuergeldern? »Mir sin in Kölle. Kumm, drink noch e Kölsch!« Sie verwechseln oft Frohsinn mit Leichtsinn, Lässigkeit mit Lethargie und Toleranz mit Fatalismus. Es herrscht Stagnation statt Dynamik. Ansonsten gilt für Köln dasselbe wie für den Rest der Welt: Mit viel Kohle lässt es sich hier super leben. Mit wenig Geld wird es schwer.

Andererseits: Es gibt gefühlt mehr als zwei Millionen Lieder, in denen die Stadt besungen wird. Zum Vergleich: Bochum hat nur eins! Und vor allem: Die Kölner kennen diese Lieder alle auswendig. Stell dich in eine Kneipe und rufe laut: »Dreimol null es null es null«. Woanders kämst du dafür in die Klapsmühle: Hier fängt die ganze Kneipe sofort an mitzusingen. Begib dich bei einem Heimspiel vor das FC-Stadion und höre die Fans drinnen singen – das nächste Mal gehst du garantiert ins Stadion und singst mit! Diese Stadt hat Musik in den Genen. Du magst sagen: »Scheißmusik« – aber es ist Musik!

Kölscher Altar mit Säulenheiligen

Das wahre Köln ist nicht das, was du siehst, Wanderer. In Wahrheit ist Köln eine Idee, Ideologie oder gar Religion. Die Idee: Jeföhl (Gefühl). Davon hat der Kölner unendlich viel, deshalb teilt er es großzügig mit der Welt. Kost ja nix. Und das Wichtigste: Jeder kann genau das Jeföhl haben, das er haben will. Die Ideologie: Alles ist gut, so wie es ist. Egal, wie schlecht es wirklich steht. Der einzige Maßstab, den Köln an Köln anlegt, ist Köln.

Jeder Vergleich mit anderen Städten wird schulterzuckend abgetan. Doch während sich die Ideologie noch am Hier und Jetzt messen lassen muss, verspricht die Religion nur, dass es in einem späteren Leben besser wird. Hätten Marx/Engels den Kommunismus nicht als politische Bewegung, sondern als religiöse Sekte initiiert, wäre Köln heute vielleicht die Welthauptstadt des Marxismus. So aber musste Marx einst vor der Obrigkeit fliehen und die Stadt den Funktionären des Klüngels überlassen, den Hohepriestern mit nach oben gezwirbelten Schnauzbartenden.

Die kölsche Religion: Dieser Stadt ist nichts heilig außer sie selbst. Der Gläubige (genannt: Jeck) glaubt wirklich, in der schönsten Stadt mit der schönsten Kirche am schönsten Fluss mit dem besten Fußballclub und dem leckersten Bier zusammen mit den nettesten Menschen der Welt zu leben. Nein, der Kölner braucht die Welt nicht. Aber die Welt braucht Köln. Denkt zumindest der Kölner. Deshalb basiert das Glaubensbekenntnis der Stadt mit K auf ebendiesem K: Klüngel, Kölsch & Karneval.

Seit knapp 30 Jahren lebe ich in meinem Veedel in Köln. Falls nun ein Zwirbelschnauzbartbrauchtumsfunktionär meint, das reicht nicht, um über Köln zu schreiben, sage ich: Die schlimmsten Kölner sind die, die sich auf ihr Kölsch-Sein was einbilden und einen Beruf draus machen! Hüte dich, Wanderer, vor allen, die die Stadt wie einen Popanz vor sich hertragen. Schließlich sind alle irgendwann als Immis hergekommen. Köln wurde von Immis gegründet! Seitdem waren alle mal hier und haben ihre Gene hinterlassen: Römer, Ägypter, Franken, Beneluxer, Griechen, Engländer, Franzosen, ja sogar Preußen! Ganz zu schweigen von den Bonnern, Troisdorfern, Siegburgern, Bergheimern, Pulheimern und Pappenheimern. Immis aus der Eifel und dem Bergischen, dem Saar-, dem Sauer- oder dem Weserbergland. Der Kölner ist also ein Bastard schlechthin! Was ihn genetisch zum Überlebenskünstler der Evolution macht. Köln ohne Immis wäre bloß ein unbedeutendes Fischerdorf zwischen Bonn und Düsseldorf! Die meisten Kölner wissen das, und deshalb, Wanderer: herzlich willkommen in der Stadt mit den vielen K. Denn jeder Besucher und jeder Zuwanderer ist dem Kölner lebender Beweis dafür, dass er Recht hat: Köln ist die schönste Stadt der Welt! Alaaf!

Deshalb soll dieses Buch auch ein Plädoyer sein gegen jede Art von Städte-Rassismus. Denn eins ist klar: Den echten Kölner gibt es gar nicht. Er ist reine Fiktion. Stattdessen lautet die Botschaft:

Erkenne den Kölner in dir. Denn am Ende ist jeder Kölner auch nur ein Mensch. Und jeder Mensch kann ein Kölner sein. Love!

Herr Stapper

Für diejenigen, die es voll authentisch haben wollen, konnte ich ein Urgestein gewinnen, dieses Buch aus seiner Sicht zu ergänzen und zu kommentieren: Herr Stapper lebt angeblich schon in 9. Generation (!) im Stadtgebiet. Allerdings war meine Bedingung für die Zusammenarbeit, dass er sich fürs Foto seinen Zwirbelschnauzbart abrasieren muss. »Kein Problem«, sagte Herr Stapper und riss ihn sich von der Oberlippe. »War nur angeklebt!«

Herr Stapper hat das Wort: »Isch bin eschte kölsche Assi-Adel un ming Famillich leev zick üvver zweihundert Johr in Kölle. Ungerbroche nur durch Ur-Ur-Ur-Jroßvatter Nobbäht, dat schwatze Schof dä Famillisch, dä wor nämlich ens mit einer Düsseldorferin verlobt. Ävver dä hät Glöck jehat: Die es noch vür der Huhzigg beim Wäsche em Rhing ersoffe, so dat de männliche Linie vun dä Stappers nit durch eine Düsseldorfer Bastard versaut woodt.«

(Übersetzung: »Ich bin echter Kölscher Assi-Adel und meine Familie lebt seit über 200 Jahren in Köln. Unterbrochen nur durch Ur-Ur-Ur-Großvater Norbert, der war mal mit einer Düsseldorferin verlobt. Aber der hat Glück gehabt: Die ist noch vor der Hochzeit beim Wäschewaschen im Rhein ersoffen, sodass die männliche Linie der Stappers nicht durch einen Düsseldorfer Bastard versaut wurde.«)

Dom mit drei Türmen

Dieses Kapitel
gelesen von Robert Griess

Die kölsche Seele –
ein erster Blick in den Abgrund

>»Denn mir sin all, all, all nur Minsche,
Et Hätz om rechte Fleck,
Denn mir sin all, all, all nur Minsche
Un en jedem steck ne kölsche Jeck.«

(Brings, Kölner Karnevals-Kombo)

Der Kölner kreist um seine Stadt wie der Mond um die Erde. Und irgendwas muss ja dran sein. Die meisten Touristen in Deutschland kommen nach und die meisten TV-Shows kommen aus Köln. Die Uni mit den meisten Studenten Deutschlands ist die Kölner. Und Köln hat einen unleugbaren Standortvorteil: Es ist die deutsche Großstadt, die am nächsten dran ist an den Metropolen Brüssel, Amsterdam, Paris, London, New York, Los Angeles, Rio. Und jetzt kommst auch noch du, Wanderer. Siehste! Bist du jobbedingt hier oder wegen der Liebe? Auf einem Junggesellinnen-Abschied aus Garmisch-Partenkirchen oder einem Männer-Kreuzweg durch zwölf Kneipen, analog zum Leidensweg Christi? Einer Kegelclubtour oder zu einer Messe? Willst du gar länger bleiben?

Vorsicht: Es besteht die Gefahr, dass du nie wieder wegwillst. Köln ist das Crystal Meth unter den Städten. Was meinst du, wie viele Lehrer ihr Studium in Köln absolviert haben und nun ihr trostloses Dasein irgendwo im Nirgendwo von NRW in Rheda-Wiedenbrück, Brilon oder Eschweiler fristen? Meinst du, deren Sehnsuchtsort ist der Ort, wo sie jetzt leben? Natürlich ist es der Ort der ausschweifenden Partys, des unkomplizierten Sex und der geradezu amerikanisch anmutenden Oberflächlichkeit. »You're welcome!« bzw. auf Kölsch: »Drink doch ene mit!« Zwar gilt die Regel, dass ein echter Kölscher nur ist, wer hier

mindestens in dritter Generation geboren wurde. Gleichzeitig gibt es so viele Ausnahmen von dieser Regel, dass auch du, Wanderer, morgen schon »'ne kölsche Jung« oder »lecker Mädsche« sein kannst: Wenn Kölsch dein Lieblingsgetränk ist. Wenn du gern im Biergarten mit Schwulen, Lesben, Türken, Griechen, Italienern, Iranern oder auch Düsseldorfern am selben Tisch sitzt. Wenn du weißt, was Öllischkooche, Prummetaat und Flöns sind. Wenn du den Sonnenuntergang in Porz am Rhein mit Blick auf Wesseling romantisch findest. Wenn du Lieder der Bläck Fööss mitsingen kannst. Oder welche von BAP. Wenn du jemanden kennst, der jemanden kennt, der in mindestens dritter Generation in Köln geboren wurde …

Dass die zentralen Plätze der Stadt von mehrspurigen Straßen eingerahmt sind, egal. Dass ständig irgendwo eine Baustelle lärmt – wen interessiert's? Dreck und Gestank? – Machen die Stadt authentisch. Die Zerstörung im Zweiten Weltkrieg war so total wie zuvor die Begeisterung der meisten Deutschen für ebendiesen Krieg – da musste es danach erst mal schnell gehen. Es wurde gebaut, was die Trümmer hergaben, und deshalb sieht die Stadt heute aus, als hätte ein großer Riese beim Wasserlassen in den Rhein daneben ein Häufchen gemacht: charakterlose 50er-Jahre-Fassaden, zubetonierte Plätze wie den Neumarkt ohne jedes Flair, damit nur ja keiner dort verweilt. Nur Drogenabhängige hängen dort länger herum als nötig, was zeigt: Ohne Dröhnung erträgt man den Platz nicht. Und natürlich die Umgebung des Bahnhofs unterhalb des Doms: »das Arschloch von Kölle«. Zwischen Bahnhof und Dom fährt man auf den Rhein zu in einen dunklen Tunnel wie in den finsteren Anus eben jenes Riesen, der diesen Haufen gemacht hat. Doch fiel nicht grade schon das Zauberwort? O doch: Dom. Der Kölner Dom! Natürlich die schönste Kirche (wenn nicht gar die schönste Kathedrale!) des Planeten (wenn nicht gar der Welt!). Oh ja, der Dom wiegt alles auf. Denn einen Kölner Dom hat keiner auf der ganzen Welt – außer Köln! New York? – Nö. Berlin? – Ha! Düsseldorf etwa? – Wäre ja noch schöner! Rio hat den Zuckerhut, Washington das Weiße Haus und München den Marienplatz – aber Kölle hat den Kölner Dom! Drum lauten die Zeilen jener Stadthymne, die jedes kölsche Kind beim Aufnahmetest in die U-3-Kita singen können muss: »Mer losse d'r Dom en Kölle, denn do jehööt hä hin. Wat sull d'r dann woanders, dat hätt doch keine Senn.« Was wäre Köln ohne den Dom? Allein die Frage! Weniger als nichts – wahrscheinlich Düsseldorf. Das Gebetshaus mit den zwei Türmen ist für die kölsche Seele sogar noch wichtiger als der 1. FC – und der ist für die kölsche Seele schon seeeehr wichtig. Doch auch der EFF-ZEH ist einzigartig. Oder gibt es einen anderen Fußballverein in Deutschland, dessen Fans die Schuld für eine Niederlage nicht ihrer leistungsverweigernden, schlecht

Wahrzeichen von Köln: das blaue Zelt.
Wie eine dicke Warze am Rheinufer.

spielenden Mannschaft geben, sondern einem Geißbock? Dies ist Ausdruck des Kölner Pragmatismus: Denn wenn man die Spieler kritisiert, könnte dies ja zu Konsequenzen führen. Aber das will ja keiner. Also nimmt man einen Sündenbock her, hier im wörtlichen Sinne, und die große Kölner Familie kann sich selbst weiterfeiern, ohne dass man etwas ändern muss. Überhaupt, feiern: Nirgends auf der Welt wird Karneval so gefeiert wie in Köln! Rio hat die schöneren Tänzerinnen und den Samba? Egal, dafür hat Köln

Funkemariechen und die Höhner. Nicht wenige Eingeborene sehen den Sinn ihres Lebens ausschließlich in dieser fünften Jahreszeit, in der alle Regeln des Alltags außer Kraft gesetzt und auf den Kopf gestellt werden. Und noch viel mehr die Auswärtigen! Der Karneval gibt verklemmten Sauerländern und Niedersachsen, verstockten Franken und Hessen, steifen Hamburgern und Badensern, korrekten Preußen, lederbehosten Bayern und spaßfreien Ostdeutschen einmal im Jahr die Gelegenheit, so richtig die Sau rauszulassen, was häufig zu erschreckenden Ergebnissen wie Erlebnissen führen kann! Zum Glück ist Aschermittwoch ja alles vorbei. Alles, außer den Kindern der besinnungslos-berauschten Liebe, die neun Monate nach Karneval schlüpfen. Wenn Karneval im Februar ist, welcher Monat ist dann neun Monate später? Richtig, November. Und am 11.11. geht die Session wieder los, auf zur nächsten Runde! So hören die im Kölschrausch gezeugten Babys aus dem Hintergrund schon im ersten Lebensmonat leise das Lied, das sie ihr Leben lang begleiten wird: »Drink doch ene mit...«, während sie gerade an Muttis Milchtitte schlabbern.

Es gibt für die Zeit dazwischen natürlich auch den Ganzjahreskarneval, aber der ist geheim! Deckname: Klüngel. Die rheinische Variante des Berliner Sumpfs, der bayerischen Amigos, des Hamburger Filz – aber alles zusammen und dreimal zum Quadrat! Die österreichische Literaturnobelpreisträgerin Elfriede Jelinek nannte Köln einst die »Welthauptstadt des Verbrechens«, und der geneigte Leser merkt schon: Ohne Superlativ geht es in der Domstadt nicht. Sie ist entweder die Beste oder die Schlimmste, Hauptsache kein Mittelmaß!

Beim Klüngel dürfen nur echte Kölner mitmachen oder solche, die die kölsche Seele verstanden und ihre eigene dem kölschen Teufel verkauft haben. Der ist im Gegensatz zum katholischen Teufel harmlos und heißt Nubbel. Der Nubbel ist schuld an allen

Verfehlungen und wird an Karnevalsdienstag um Mitternacht rituell vor der Stammkneipe verbrannt. Aber weil es eben der Teufel ist, ist er kurz darauf wieder auf Zack – ach ja, der ewige Kreislauf, der ewige Fluss des Lebens.

Und an ebendiesem schönsten Fluss der Welt liegt die schönste Stadt der Welt: am Nil. Ursprünglich hieß der Rhein wirklich so – großes Adenauer-Ehrenwort! Doch da der Name bereits

Das Venedig am Rhein

vergeben war, als Köln gegründet wurde, und die Römer keinen Streit zwischen ihren Kolonien in Ägypten und Germanien haben wollten, wurde er umbenannt in Rhein. Trotzdem ist er der schönste Fluss der Welt. Zumindest finden das die Kölner! Das liegt hauptsächlich daran, dass viele Kölner ihre Stadt noch nie verlassen haben. Finden sie hier doch alles, was sie zum Leben brauchen: »Blootwoosch, Kölsch un e lecker Mädche.« Es gibt sogar Menschen, die haben in ihrem ganzen Leben noch nicht einmal ihr Viertel verlassen. Wofür soll man auch wegfahren? Man lebt ja schon in der schönsten Stadt der Welt. Deshalb macht der Kölner gerne »Urlaub auf Balkonien«, solange er nur grillen kann, genießt die schweißtreibende Schwüle verregneter Sommertage und meint zum Nachbarn, der nach Italien fährt: »Wat soll der Stress? Schwetze kann isch och zohus!« und zum heimkehrenden Nordsee-Urlauber: »14 Tage Regen? Hatten mir och.«

Survival-Tipp Nr. 59
Rheinische Beschönigungen

Die Kölner sind Meister des Euphemismus wie sonst nur die Propagandasekretäre von Kim Jong-un in Nordkorea. Jeder Mangel wird einfach mit einem positiven Begriff besetzt, dazu wird mit Augenzwinkern und Schulterzucken gesagt: »Mir sin evve in Kölle.« Noch aus dem größten Elend machen die Kölner etwas Positives: Auf der Düsseldorfer Prachtmeile Kö besteht der Boulevard aus Marmorplatten. Das kann sich Köln nicht leisten. Was macht der Kölner? Tritt überall in der Stadt Kaugummis auf den Bürgersteigen fest und nennt das »den kölschen Marmor«. Selbstironie oder Hybris? In Köln kein Widerspruch.

Oder, Wanderer, betrachtest du im Brauhaus die Speisekarte, so wird dir vermittelt: Die rheinischen Spezialitäten gehören zu den besten der Welt. Ein Gericht etwa verspricht dem Gast nicht weniger als »Himmel un Ääd« – was nichts weiter meint als Blutwurst mit Kartoffelbrei – oder einen »Halve Haan« – was sich oft als ein vertrocknetes Roggenbrötchen vom Vortag mit einer dicken Scheibe mittelalten Goudas entpuppt. Was heute anmutet wie falsche Versprechungen – also: Touri-Abzocke –, war ursprünglich gar nicht so gemeint: Die Armen von Köln haben sich einfach ihr Essen schöngeredet. Aus dieser Lücke zwischen Erwartung des Gastes und dem realen Essen errechnet sich heute die Gewinnspanne des Brauhauses. »Himmel un Ääd« und der »Halve Haan« haben über die Jahrhunderte zahlreiche Wirtshaus-Dynastien ziemlich reich gemacht.

Dieses Kapitel
gelesen von Robert Griess

Kölsch

Dem großen Kölner Alltagsphilosophen Heinrich Pachl (1943–2012) verdanken wir die Erkenntnis: Köln ist die einzige Stadt der Welt, in der man das spricht, was man trinkt. Kölsch! Oder umgekehrt: Es wird gesoffen wie gesprochen. Kölsch ist Dialekt und Grundnahrungsmittel. Hätz un Jeföhl. Die kölsche Seele. Kölsch ist das leckerste Bier der Welt. Sagt zumindest der Kölner. Op Kölsch, dem sympathischsten Dialekt deutscher Zunge. Dem fremden Ohr mag es klingen, als hätte der Redner Kieselsteine im Mund oder lalle die ganze Zeit, was nicht ganz auszuschließen ist. Der kölsche Dialekt ist eine Sprache, die alle Ecken und Kanten geschmeidig gespült hat, sodass ihn der Einheimische mühelos noch nach dem zehnten Bier sprechen kann. Der Fremde wiederum kann den Dialekt perfekt nachahmen, sobald er vier, fünf Kölsch intus hat. Einheimische und Fremde treffen sich so in der Mitte: im Rausch.

Als einer, der diese Sprache nicht bereits mit der Muttermilch eingesogen hat, sondern mühsam als zweite Fremdsprache für das rheinische Abitur auf dem Gymnasium erlernen musste, kann ich nur sagen, dass Kölsch wie ein Rieseneintopf ist. Es gibt Einflüsse des Flämischen, des Französischen, Reste aus dem Lateinischen und dem Englischen, das alles auf der Basis der deutschen Sprache – gefühlt von ca. 1865. KÖLSCH! Das K steht klar für Köln, das Ö für die biergeölte Kehle, aus der alle Laute süffig und mit Charme (»Isch han nüüs jemaat.«) herausflutschen. Das L als Ausgleich zum Ö wird der Zunge zum Festhalten gegeben, gleich einer Leitersprosse, auf die die Zunge sich beim Klettern verlassen kann, während der Umlautvokal Ö den Luftraum zwischen den Sprossen darstellt. Das L wird meist gesprochen als Doppel-L, also

leicht überbetont (»Isch han su ene Hallllls!«). Das SCH schließlich gibt der Sprache Volumen und macht den Klang satt wie ein
zufriedener Rülpser. Ja, das SCH wie das Ö, Ä oder Ü lassen deftig
Ordinäres leicht und charmant anstatt grob und vulgär klingen,
zum Beispiel: Föttchesföhler klingt viel sozialkompatibler als Hin-
terngrabscher. Föttche ist die Verniedlichungsform von Fott, das
kölsche Wort für Hintern. Also: Umlaut plus Verniedlichung!

Wie niedlich!

Bei Kindernamen werden in Köln auch gern die Verniedlichungsformen
angewendet: Aus Harald Schumacher wurde Toni, aus Joseph wird Jupp,
aus Anton Thünn. Ich kenne eine Mutter, die unbedingt vermeiden wollte,
dass der Name ihres Kindes verstümmelt wird, und es aus diesem Grund
Tim nannte. Den Namen kann man nicht verkürzen. Die Folge: Der Junge wird von allen nur Timmileinchen gerufen. Dreifache Verniedlichung!
Das schaffen nicht einmal die Italiener. Peppino für Joseph, o. k. Aber
Peppinolincellochen? Nie gehört.

Der Kölner sagt Schinese statt Chinese und hat viel mehr Scharm
als z. B. der Franke mit seinem spröden Charme. Sagen zumindest die Kölner. Und ausnahmsweise auch alle anderen! Nehmt
dies, Preußen und Bayern: In einer bundesweit durchgeführten
Studie wurden alle deutschen Stämme gefragt, welchen außer
ihrem eigenen Stamm ihnen am sympathischsten ist. Platz 1 unter
den Antworten: der Rheinländer. Was nur allzu verständlich ist:
Der Schwabe ist geizig, der Berliner unhöflich, der Sachse fremdenfeindlich, der Norddeutsche schlechtgelaunt, der Bayer stein-
dumm… Bleibt die Wahl zwischen Rheinland oder Sauerland.
Und wer kennt schon einen sympathischen Sauerländer? Wissen-
schaftliche Studien sind echt der Hammer: Da wird zwölf Jahre
lang geforscht, 200 Millionen Euro Fördergelder werden in diese
eine Studie gesteckt, im Auftrag der UN – und was kommt am
Ende bei raus? In Krisengebieten wird mehr geschossen als in

friedlichen Ländern. In Afrika gibt es mehr Hunger als in Europa. Rheinländer sind beliebter als Sauerländer. Der Nachteil der Studie ist natürlich ihre Ungenauigkeit: Nun denken auch Bonner und Düsseldorfer, sie seien im Rest der Republik beliebt. Was

natürlich Quatsch ist: Niemand dachte bei seiner Antwort in der Studie an Bonn oder Düsseldorf, wenn man Rheinländer hört, denkt man ausschließlich an Kölner. So wie man beim Wort Tempo an Papiertaschentücher denkt. Bonn ist nun mal ein sehr schönes, sehr nettes Pisskaff, das seit dem Verlust des Hauptstadtstatus gegen die Bedeutungslosigkeit ankämpft. Apropos Pisskaff: Die Düsseldorfer trinken ja nicht mal Kölsch. Sondern Alt. Die urbane Legende sagt, dass in Köln einst ein Fass Kölsch in den Rhein fiel und später in Düsseldorf ans Ufer gespült wurde. Die Düssel-

Jeder Jeck ist anders,
aber alle trinken Kölsch

dorfer tranken das inzwischen braun verfärbte Zeug, und siehe, es schmeckte ihnen: Altbier ist nichts anderes als altes Kölsch.

Dieses Kapitel
gelesen von Robert Griess

Die kölsche Kneipe

Der kürzeste Weg in die kölsche Seele führt über den Rausch. In den meisten Kulturen außerhalb von Köln gibt es quasireligiöse Rituale, um in Ekstase und höhere Sphären zu geraten. Die Einnahme toxischer Stimulanzien in Form von Rauchwaren oder geistigen Getränken in Kombination mit Endlos-Loops rhythmischer Musik, zu der getanzt wird, bis sämtliche anerzogenen sozialen Hemmungen abgelegt werden. Dann enthüllt sich der wahre Wesenskern des Individuums in Ekstase, bis der Mensch ganz bei sich im Hier und Jetzt aufgeht und gleichzeitig eins wird mit seiner Umgebung sowie dem ganzen Kosmos. Die Menschen tun vielerlei, um diesen Zustand zu erreichen: Sie besuchen buddhistische Meditationskurse, buchen Schamanen-Seminare in Mexiko oder Tantra-Workshops in Umbrien. In Köln reicht es, in eine Kneipe zu gehen. Da das geistige Getränk spirituell wertvoll ist und bewusstseinserweiternd wirkt, wird es nur in kleinen Dosen verabreicht (0,2 l – nur ahnungslose Touris lassen sich 0,3- oder gar 0,4-Gläser andrehen. Darin wird es so schnell schal, dass man gleich Altbier bestellen könnte).

Survival-Tipp Nr. 56

Vorsicht, Touristenfalle!

Hat der Kunde sein erstes Kölsch bestellt, ist jede weitere Bestellung überflüssig. Sobald das Glas leer ist, serviert der Köbes (siehe Seite 33) das nächste Kölsch, ob der Kunde will oder nicht. Erst wenn der Kunde seinen Bierdeckel oben auf das Glas legt, ist dies das Signal für den Köbes, dass der Gast genug hat und zahlen möchte.

Ab dem vierten, fünften Kölsch stellt sich beim Trinker eine leichte Euphorie ein, gleichzeitig wird jedoch die Zunge schwer. Die

Grenzen zwischen Konsonanten und Vokalen, zwischen Diphtongen und stimmlosen postalveolaren Spiranten (auch Trigraph genannt, z. B.: »SCH«) beginnen zu verschwimmen – schon ist der Gast im heimischen Dialekt zu Hause. Genauso verschwinden die Grenzen zwischen Realität und Fantasie. Ebenso die zwischen Einheimischen und Zugereisten. Noch vor dem zehnten Kölsch bist du in einen tiefen philosophischen Diskurs über die menschliche Existenz »an un för sisch« mit den »Stammgästen« verwickelt. Sie reden mit dir über Millowitsch und Podolski (»Fußball

Kölsche Spitzengastronomie:
Kotelett an Senf im Dialog mit pommes de terre rot-weiß

ist wie Schach, nur ohne Würfel«) und du fühlst dich geliebt, so wie du bist. Fühlst dich wie zu Hause, sogar besser als zu Hause, weil die Frauen zu Hause niemals so dreckig reden würden wie hier, nämlich genauso ordinär wie die Männer, und rufst unter dem aufbrandenden Beifall der Umstehenden dem Wirt zu: »Die nächste Runde geht auf mich!« Schnell wird die Runde größer, es wird geredet und gelacht, gesungen und geschunkelt, aus der Musikbox schallt kölsche Musik, nun wird auch getanzt und sich gebützt. Wann warst du je in so kurzer Zeit mit so vielen Menschen per Du: der Jupp und der Wolle und der Brieden und der Klausi und der Ralfo und der Tünn und der Schorsch und der Nobs und der Tommi und die Biggi und die Gitti und die Babsi und die Bumsi und die Meggi und die Moni – und die Gerti. Das Faktotum auf dem Thron der Alk-Königin, seit 30 Jahren festgewachsen auf demselben Hocker. Außer Gerti ist jede einzelne hier eine Rheinperle, die mit jedem Kölsch schöner wird. Das Lachen wird lauter, und wenn nicht inzwischen schon das zwölfte Kölsch

Schöner als Zuhause:
Für viele Kölner ist die Kneipe das zweite Wohnzimmer

getrunken wäre, würde da bestimmt was gehen, aber egal, »et is, wie et is«, wie der Kölner sagt. Haha, Pläne werden geschmiedet, im Geiste ziehst du schon hierher, et is esu schön zosamme, echte Seelenverwandte, tragen das Herz auf der Zunge, so überschwänglich vor Freundlichkeit und Gastfreundschaft, dass sie dir alle sagen, wie nett sie dich finden, als wärst du einer von hier uss em Veedel. Dann ist der Deckel rundgetrunken und du musst doch mal aufs Klo, allein beim Wasserlassen denkst du: Wozu gehen die Menschen zum Yoga? Wenn Du ganz im Hier und Jetzt aufgehen willst, trink zehn Kölsch und du hast es! Du kommst zurück, die Ersten müssen gehen, lassen sich aber noch zu einem letzten Kölsch einladen. Was für ein Getränk! Werft keine Bomben auf Syrien, sondern palettenweise Kölsch-Fässer und Karnevals-CDs, dann kommt der Frieden von alleine: »Drink doch ene met...« Trotzdem müssen die andern im Gegensatz zum Touristen morgen früh aufstehen, wenn es am schönsten ist, soll man aufhören. Schade eigentlich, die Biggi und die Gitti und die Babsi und die Bumsi und die Meggi und die Moni sind auch schon weg, nur die Gerti sitzt da noch am Tresen, die Krampfadernkampfschabracke, strandhaubitzenvoll, und zwinkert dich an wie ein Reptil, »Mann oder Memme?«. Du überlegst kurz, ob sich ein »Kröschen« mit der Gerti am Ende als Kerbe im Colt oder als Debakel erweisen würde, nach 20 Kölsch ist selbst die Gerti von einer gewissen, herben Schönheit. Zahlst schließlich lieber deinen Deckel, ups, doch so viel, uiuiui, hab ich überhaupt noch genug im Portemonnaie, reicht grade noch, aber so jung kommen wir auch nicht mehr zusammen, was für ein Abend, verabschiedest dich, wankst nach draußen, dann Richtung Unterkunft und merkst, wie die Welt sich um dich herum dreht.

Ah, daher kommt das, dass die Kölner meinen, die Welt dreht sich nur um sie, es ist dieses Kölsch, schließlich wird es dir zu viel, du setzt dich auf eine Bank, zum Glück liegt da eine Zeitung, auf die man sich setzen kann. Oh Mist, unter der Zeitung liegt jemand, 'tschuldigung, du wankst weiter, hast immer noch gute Laune, singst, nun allein, noch mal a capella ein paar Lieder nach, die du heute kennengelernt hast, und als du endlich in deiner Unterkunft im Bett liegst, innerlich noch glucksend vor kölscher Heiter- und Gelöstheit, beschließt du, am kommenden Abend noch mal hinzugehen und die Freundschaft mit den Einheimischen zu vertiefen. Du kommst also des Abends wieder in den »Heimathirsch«, ins

»Op d'r Eck« oder in die »Goldene Krone« – und tatsächlich sind sie wieder alle da in ihrem Wohnzimmer: der Jupp und der Wolle und der Brieden und der Klausi und der Ralfo und der Tünn und der Schorsch und der Nobs und der Tommi und die Biggi und die Gitti und die Babsi und die Bumsi und die Meggi und die Moni und auch die Gerti. Du rufst in die Runde: »Dreifach Kölle Alaaf!« – doch niemand hebt auch nur sein Kölschglas, geschweige denn, dass einer antwortet. Sie stieren in ihre Gläser und tun, als hätten sie dich noch nie gesehen. Merkwürdigerweise läuft noch nicht einmal Musik, einzig der Wirt richtet sein Wort an dich: »Kölsch?«

Survival-Tipp Nr. 122 vom Herrn Stapper
Anlagestrategie mit Kölsch

Wer vür acht Johr für 1000 Euro Aktie vun dä Commerzbank gekäuf hät, dä hät hügg noch Aktie im Wert von 112 Euro. Wer ävver vür acht Johr für 1000 Euro Kölsch gekäuf hät – Gaffel, Reissdorf, Früh, ejal –, dä hät fast jede Ovend en Fläsch Bier jehat und hügg noch Leergod für üvver 200 Euro.

(Übersetzung: Wer vor acht Jahren für 1000 Euro Aktien der Commerzbank gekauft hat, hat heute noch Aktien im Wert von 112 Euro. Wer aber vor acht Jahren für 1000 Euro Kölsch gekauft hat, hatte fast jeden Abend eine Flasche Bier und heute noch Leergut für über 200 Euro.)

Nun musst du wissen, Wanderer, dass die kölsche Folklore der wichtigste Wirtschaftsfaktor von ganz Kölle ist. Die ganzen Trinker und Trinkerinnen, die als Stammgäste in den Kölsch-Kneipen hocken, sind in Wirklichkeit vom Amt für Fremdenverkehr und Tourismus angestellte Brauchtums-Animateure, die sich, sobald ein Tourist in Sichtweite kommt, »typisch kölsch« aufführen müssen. Lauter Hartz-IV-Empfänger, die als 1-Euro-Jobber in den Kaschemmen »suffe, poppe, danze« und so den Kneipen erst das echte kölsche Flair geben, das der Fremde in dieser Stadt sucht. Das Ganze ist also ein großes Theater – dir zu Ehren, lieber Gast. Das machen sie jedoch so professionell und gut, dass du, Wanderer, gar nicht merkst, dass sie da einen Job machen. Man glaubt, die Kölner sind wirklich so herzlich und gesellig und vor allem: authentisch! Doch warum dann das plötzliche Schweigen nach dem tollen Abend zuvor?

Nach dem dritten Bier erklärt dir der Wirt die Lage: Zusätzlich zum kargen Lohn wurden den Köln-Animateuren alle Getränke, die der Tourist nicht übernimmt, bisher als Arbeitsmaterial von der Stadt bezahlt. Doch die guten Zeiten sind vorbei, überall herrscht Spardruck, selbst in Köln, der Hauptstadt der Verschwendung: heute nun die Kunde, dass sie aufgrund der angespannten Haushaltslage künftig nur noch Wasser bezahlt kriegen. Zum Glück sind sie alle Mitglied bei Verdi, Fachbereich 13 / Sonstige Dienstleistungen, und warten nun auf den Gewerkschaftssekretär, der sich für den Abend angekündigt hat. Jedenfalls sind sie bis auf Weiteres im Streik. Bitte nicht persönlich nehmen!

Nun, Wanderer, hast du die kölsche Seele zumindest einmal vollständig erfasst: Der Kölner trägt sein Herz auf der Zunge und zeigt seine Gefühle ganz offen her. Aber du kannst dir nie sicher sein, ob das alles auch echt ist oder sie nur Show machen. Ich glaube, die meisten Kölner wissen selbst nicht, ob sie ganz echt sind oder nur eine Show abziehen.

Wer es etwas langsamer angehen lassen will mit dem kölschen Brauchtum, mehr als Beobachter denn als Beteiligter, gehe in ein Brauhaus. Dort sitzt der Touri unter seinesgleichen – Chinesen, Japaner, Koreaner (Süd), Westfalen (Ost), Badener, Bayern,

Engländer, Holländer, Saarländer – und beobachtet die Stars des Brauchtums bei der Arbeit: die Köbese. So heißt im Brauhaus der Kellner, und jeder Köbes hat seine eigene Show. Manch Comedian könnte von einem echten Köbes einiges lernen.

Kölsche Berufe, Folge 249
Köbes

Köbes ist ein Bachelor-Studium an der Uni des Lebens zu Köln. Da der Köbes nach Umsatz bezahlt wird, animiert er die Kunden pausenlos, schneller zu trinken, um das nächste Kölsch servieren zu können. Hierzu trägt er einen Gläser-Kranz mit sich, in den um einen Griff herum zwölf Kölsch passen, mit denen der Köbes omnipräsent seine Runde dreht. Trinkt ein Kunde zu langsam, kommt der Köbes an den Tisch und nimmt den letzten Schluck selbst. Dazu serviert er neben dem neuen Kölsch

einen beleidigenden Spruch wie den Klassiker aus der Köbes-Ausbildung: »Dat is en Wirtshaus und kein Amt.« Widerspruch ist zwecklos. Glaube mir, Wanderer, der Köbes hat immer den noch härteren Spruch drauf: »Weißt du, was der Unterschied ist zwischen einem Schneemann und mir? – Den Schneemann kannst du nur im Winter am Arsch lecken.« Voraussetzungen: 3-monatiges unbezahltes Praktikum im Kindergarten (»Kinder und Besoffene sagen die Wahrheit!«), Psychologie als Nebenfach, finanziert durch Kellnern. Sprachschein bis zum Großen Kölschtinum an der »Akademie für uns kölsche Sproch«.

Dieses Kapitel
gelesen von Robert Griess

Es war einmal...
was für eine Geschichte!

»Ich wor ne stolze Römer, kom met Caesar's Legion,
un ich ben ne Franzus, kom mem Napoleon.
Ich ben Buur, Schreiner, Fescher, Bettler un Edelmann,
Sänger un Gaukler, su fing alles aan.«

(Bläck Fööss, 1. Kölner Super-Group)

Herkunft ist keine Leistung, doch Köln hat nun mal die interessanteste Geschichte Deutschlands. Finden jedenfalls die Kölner. Stimmt aber auch. Deshalb diese Selbstbeweihräucherung als »Rom des Nordens«. Meint der Kölner ernsthaft, er kann seine Provinzmetropole mit der Ewigen Stadt auf eine Stufe stellen? Und ob!

Du, Wanderer, magst sagen: »Rom hat das Kolosseum,
das Forum Romanum und den Circus Maximus.«

Doch der Kölner antwortet: »Ävver Kölle hät de Dom.«
(Aber Köln hat den Dom.)

Du kannst argumentieren: »Rom hat die Engelsburg,
die Via Appia und die Fontana di Trevi.«

Der Kölner bleibt unbeirrt: »Ävver Kölle hät de Dom.«

Du meinst: »Rom hat die Piazza Navona, die Spanische Treppe
und das Pantheon.«

Der Kölner sagt ungerührt: »Ävver Kölle hät de Dom.«

Du zählst auf: »Rom hat den Vatikan, das beste Eis der Welt
und die Villa Borghese.«

Schulterzucken.

»Ävver Kölle hät de Dom.«

Wenn in Köln gegraben wird...

Kölns wahre Schätze liegen in der Tiefe: Wenn in Köln gebuddelt wird, werden stets interessante Dinge gefunden: römische Sportanlagen, jüdische Wohnanlagen, französische Wehranlagen, flämische Wertanlagen. Jetzt, Wanderer, kauf nicht gleich einen Spaten und fang an zu buddeln – das ist nämlich verboten! Geh lieber in die Dom-Tiefgarage, denn in Köln gibt es selbst in der Tiefgarage Touristenattraktionen zu bestaunen! Zum Beispiel das »Annoloch«, durch das der Bischof einst vor den Kölner Bürgern floh.

Es ist bewundernswert, wie die Kölner ohne Rücksicht auf störende Realitäten ihre Stadt immer wieder zum Zentrum des Universums erheben. Frauen bzw. Männer in der Kneipe muss man sich bisweilen schöntrinken. Von ihrer Stadt sind die Kölner aber schon besoffen, wenn sie auf die Welt kommen. Das ist ein wahnsinniger Standortvorteil: Die Münchner finden München spießig, die Stuttgarter Stuttgart piefig, Hannoveraner Hannover todlangweilig, die Berliner finden Berlin außer im August zu kalt und zu windig... Doch der Kölner liebt Köln wie sich selbst. Wenn du, Wanderer, nach Köln kommst, solltest du das beherzigen. Hier läuft ein ständiger Wettstreit darum, wer seine Stadt mehr liebt. Und zwar mit Jeföhl un Hätz.

Im Begriff Rom des Nordens steckt die Sehnsucht wie Hoffnung, dass sich die geliebte Stadt in all ihren Facetten und ihrer Geschichte auch wirklich als so fantastisch erweist, dass sie diese Liebe wert ist. Aber Liebe macht ja bekanntlich blind. Und der Kölner ist blind dafür, was er zur Großartigkeit seiner geliebten Stadt beigetragen hat. Der Ursprungsname Colonia Claudia Ara Agrippinensium klingt ja auch deutlich beeindruckender als Dorf an der Düssel oder Furt der Franken und erst recht als Ort im

Das kölsche Kolosseum, powered by Gerling

Sumpf (= Berlin). Und so hat noch der mickrigste Einheimische ein Selbstbewusstsein groß wie der Kölner Dom. Die Stadtrechte bekam die Siedlung nur, weil die wahnsinnige, machtgeile, psychopathische Agrippina – Urenkelin von Augustus, Schwester von Tiberius, Frau von Claudius, Mutter von Nero (der nach einer schweren Kindheit seine Mutter ermorden, Rom niederbrennen und darüber das Monumental-Biopic »Quo vadis?« drehen ließ) – als Tochter eines römischen Feldherrn in Köln geboren wurde. Zu der Zeit war Köln noch eine unbedeutende römische Siedlung an der Grenze zu Germanien. Doch um ihre Herkunft zu veredeln, erhob Agrippina als Frau von Kaiser Claudius Köln zur römischen Kolonie samt Stadtrechten. Schon bei der Gründung hatte Köln also das Riesenglück der Hilfe von außen, ohne selbst etwas dafür tun zu müssen. Das hat sich in der hiesigen DNA tief verankert. So schmückt sich Köln bis heute damit, von einer römischen Kaiserin-Enkelin, Kaiser-Schwester, -Witwe und -Mutter gegründet worden zu sein und seitdem eine ganz tolle Geschichte zu haben. Die ganzen typischen Kölner Sprüche lassen sich darauf zurückführen:

Et hätt noch immer jot jejange. (Es ist noch immer gut gegangen.)

Et kütt, wie et kütt. (Es kommt, wie es kommt.)

Küsste hück nit, küsste morje. (Kommst du heut nicht, kommst du morgen.)

Wat fott es, es fott. (Was weg ist, ist weg.)

Allesamt Ausdruck eines tief sitzenden Fatalismus, der die Unfähigkeit zum eigenen Handeln erklärt. Und den die Klüngelköppe schamlos für sich ausnutzen.

Was du, Wanderer, wissen musst, wenn du nach Köln kommst, ist dies: Neben den Römern siedelten die ortsansässigen Germanen (also die Urkölner) am Ubierring.

Die ließen sich gern von den Römern domestizieren, denn plötzlich gab es Trinkwasser per Aquädukt aus der Eifel (Gerolsteiner!) und Fußbodenheizung in Häusern. Überhaupt: Häuser. Was für eine Idee! Jedenfalls besser, als sich den ganzen Tag die Sackhaare zu kraulen und Popel aus der Nase zu ziehen.

Diese Kombination prägt die Stadt bis heute: die charmante Sorglosigkeit der Italiener gepaart mit der barbarischen Antriebslosigkeit der Einheimischen. Die Stadt will stets nur das Beste, scheitert aber immer an sich selbst. Außer Karneval kriegt Köln bis heute aus eigenem Antrieb bekanntermaßen nichts geregelt.

Lebendige Zeugen der römischen Wurzeln Kölns

Bis heute gibt es überall in der Stadt lebendige Zeugen der römischen
Wurzeln Kölns, insbesondere im gastronomischen Bereich: das Ristorante
»Bellavista« an der Zülpicher Straße (Zülpich in der Eifel war ebenfalls
eine römische Siedlungsgründung), das »Bella Roma«, das »Bella Italia«,
die »Pizzeria Roma«, das »12 Apostel« am Heumarkt, das Eiscafé »Corti-
na« am Zülpicher Platz oder das »Gea« auf der Severinstraße.

Übrigens, Wanderer, liegt hierin auch die tiefere Ursache für die
Weltoffenheit und Geselligkeit der Kölner, denn sie wissen ganz
genau: Jeder einzelne noch so kleine Fortschritt in der Stadt kam
immer von außen. Die Kölner haben die Fähigkeit, bei den Zu-
wanderern, Eroberern und Durchreisenden immer genau hinzu-
gucken und stets das Beste für sich zu rauszuholen. So erkämpften
sie sich auch das Stapelrecht: Alle Waren, die über den Rhein an
Köln vorbeifuhren, mussten hier entladen werden und die Kölner
Kaufleute hatten das Vorkaufsrecht auf alles. So konnten sie also
alle guten Waren kaufen und selbst mit Gewinn weiterverhökern.

Nach den Römern kamen die Franken, sie brachten den Chlodwig-platz mit, bis heute ein beeindruckender Verkehrsknotenpunkt in der Kölner Südstadt. Ebenso die Kneipe »Chlodwig-Eck«. Hier gibt es tagaus, tagein Kölner »Schampus«, der sich quasi in nichts von Kölsch unterscheidet. Dann wurden die Kölner ein paar Jahrhunderte sich selbst überlassen, außer ein paar Juden brachte niemand einen Hauch Weltläufigkeit in die Stadt. Und die sollten dann auch noch schuld an der Pest sein, obwohl sie aus Perspektive der Pest genauso anfällig dafür waren wie die anderen Kölner. Doch Letztere verübten ein Massaker an Ersteren und danach waren die Kölner wieder auf sich gestellt, was der Stadt überhaupt nicht gut bekam. Sie versank buchstäblich in der eigenen Scheiße. Die Leute schütteten nämlich ihre Scheiße einfach aus dem Fenster auf die Straße, jahrhundertelang. Es muss so übel gestunken haben, dass Durchreisende den Gestank in über 70 verschiedene Geruchsrichtungen einteilen konnten. Köln würde wahrscheinlich bis heute in seiner eigenen Scheiße versinken, wenn nicht endlich wieder Hilfe von außen gekommen wäre.

Französische Wörter im kölschen Wortschatz

Schallusi = Rolladen	Pläsirschen = Vergnügen
Bullewar = Bürgersteig	Kannapeh = Sofa
Kwartier Latäng = Ausgehviertel	Malör = Unglück
Plümmo = Bettdecke	Portmannee = Geldbörse

Als 1803 Napoleon und die Franzosen in Köln einmarschierten, gab es den ersten richtigen Modernisierungsschub seit Jahrhunderten: Die Menschenrechte galten auf einmal für alle, und es gab plötzlich sogar eine moderne, funktionierende Verwaltung. Irgendwann haben die Kölner gelernt und verinnerlicht: Egal, was Fremde mitbringen, es wird besser sein als das, was wir selber schaffen können.

Der französische Ur-Ahn
(mit französischem Akzent lesen!)

Isch bin gekommen mit die Armée von Napoleon nach Cologne, weil isch war eine Sansculotte und 'abe gemacht Französische Revolution.

Napoleon, das war so einer wie 'eute Sarkozy: très petit, eine sehr kleine Schwänzchen, aber eine enorme très grand Ego. Des'alb sagt man zu

Auch ein Dom: das Kondom

Fronkreisch »La Grande Nation«, weil die Ego von die Chef toujours est très grand! Aber seit wir Franzosen 'aben gemacht die König in die Revolution eine Kopf kürzer, traut sich von Napoleon bis Hollande kein Chef von Frankreich mehr größer zu sein als 1,48 Meter. Cologne, isch liebe diese versiffte Provinz-Kaff an die Rhein, das sisch 'ält für die Nabel von die Welt, aber en réalité ist nur die kleine Schwester von die Düsseldorf. Cologne, das war zum erste Mal, dass wir sind gekommen in eine fremde Stadt und es gab kein Gegenwehr – pas de problème! En contraire, en Cologne immer La Boum, die Fete! Tous les jours: Wenn eine Ballon fliegt 'och, La Boum, die Fete. Wenn eine Kardinal beißt in die Gras, La Boum, die Fete. Sogar, wenn eine Tunnel von die Pferde-Metro bricht zusammen, La Boum, die Fete. Und wenn marschiert Armée francaise mit Napoleon, bringen Liberté, Egalité et Fraternité natürlich auch: La Boum, die Fete!

Das war eine Karneval, als wir kamen: wie Revolution, nur ohne Guillotine. Alle total besoffen und singen Chansons von die Schweine, alors, schweinische Lieder und alle Frauen finden Franzosen très joli: Ich muss immer nur sagen les mots, Wörter, für jede Wort eine baiser, eine Bützchen: Canapee, Plymouth, Liberté, Fraternité, Roibuschtee. Und wenn du 'ast einmal die französische Zunge in die Hals von lecker Mädsche und machst ein bisschen Zauberei, dann: faire l'amour pas de problème. Du musst nur gewöhnen an die Geschmack von die Blutwurst in die Mund von die lecker Mädsche. Aber wenn dir nichts macht aus diese Geschmack von dunkle Wurst und Zwiebel, du hast viel romantique. Natürlich du musst ziehen die Darm von die Schwein über deine Petit Garcon, wegen die Krankheit von Syphilis, die große Bruder von die Tripper. Weil wenn lecker Mädsche hat die Schwips und faire l'amour, du weißt nie, welche Petit Garcon war schon drin bevor deine Petit Garcon. Isch habe gebracht die Darm von die Schwein nach Cologne, seitdem 'eißt Präservativ in Deutschland: »Pariser«. Oder auch: die kleinste Dom der Welt, Kondom.

Und siehe, als Nächstes kamen die Preußen. Die waren zwar längst nicht so beliebt wie die Franzmänner, aber immerhin waren sie es, die das Geld und die Energie aufbrachten, um den Dom nach 600 Jahren endlich fertig zu bauen. Klingt komisch, ist aber so.

Die Nazis kamen nicht nach Köln, sondern erwuchsen aus dem Sumpf des Nationalismus und Antisemitismus genauso wie anderswo auch. Hitler traf sich sogar im Januar 1933 in Köln mit seinem Vorgänger von Papen im Haus des Kölner Bankiers Schröder, um seine Ernennung zum Reichskanzler zu besprechen. Was einige Historiker als Geburtsstunde des Dritten Reichs bezeichnen.

Nach dem Zweiten Weltkrieg wäre Köln beinahe Bundeshauptstadt geworden, weil Konrad Adenauer als Bundeskanzler darüber mitbestimmen durfte. Aber weil er vor dem Krieg Oberbürgermeister von Köln gewesen war, wusste er wohl, dass das mit Köln als Regierungssitz nicht so eine gute Idee war. Die Kölner können sich ja nicht mal selbst vernünftig regieren, wie sollte das dann mit der Regierung für ganz Deutschland gehen? Obwohl: Heute in Berlin ist es auch nicht besser, denn in Köln funktioniert wenigstens der Flughafen. Der wahre Grund, warum es damals Bonn wurde, ist aber wohl der, dass der Adenauer als alter Sack in Bad Honnef Rhöndorf am Fuß des Siebengebirges lebte – und das ist viel näher an Bonn dran. Wer will schon so lange zur Arbeit fahren, wenn er eigentlich schon längst in Rente ist?

Herr Stapper zur Geschichte des 1. FC Köln

Der 1. FC Köln wurde im Jahre 10 von den Römern als Außenstelle von AS Rom gegründet und spielte mit einer Mischung aus Einheimischen und Legionären. Die erste Vereinspräsidentin Agrippina sicherte dem Verein die Profi-Lizenz und ging dabei ähnlich skrupellos vor wie 2000 Jahre später der deutsche Kaiser Franz, als er die WM 2006 nach Deutschland holte und in Köln so legendäre Spiele wie Portugal – Angola und Schweiz – Ukraine ausgetragen wurden. Im 5. Jahrhundert wurde der Chlodwigplatz als Bolzplatz gebaut, ein paar Hundert Jahre danach fingen die Kölner an mit dem Dom, um im Winter in der Halle spielen zu können. Der Verein war dreimal Deutscher Meister und feierte im Dom, dass Gott FC-Fan ist. Der FC brachte zahlreiche Fußballgötter hervor, z. B. Hans Schäfer, Hannes Löhr, Wolfgang Overath, Heinz Flohe, Toni Schumacher, Thomas Häßler, Lukas Podolski. Aus römischen Zeiten wurde die Tradition übernommen, ein Tier als Orakel in der Vereinsführung zu etablieren. Momentan amtiert Geißbock Hennes VIII.

Klüngel

Die dunkle Seite der ruhmreichen Stadtgeschichte heißt Klüngel. Keine Verbrechen ohne Klüngel. Und Köln ist die Welthauptstadt des Klüngels. Sagen wirklich alle. Man nehme nur die Geschäfte der Stadt Köln mit dem Oppenheim-Esch-Fonds über die neue Kölner Messegesellschaft oder die Köln-Arena. In der Stadt mit der Seilbahn über den Rhein lernen schon die Kinder im Schulfach »Klüngel«, dass Seil-

> **»Mer kennt sich, mer hilft sich.«**
> *Konrad Adenauer, Kölner Oberbürgermeister 1917–1933 und 1945*

schaften alles sind im Leben. Beziehungen schaden nur dem, der keine hat. Deshalb kennt in der Millionenstadt jeder jeden. Und jeder kann mit jedem! Wer das nicht kann, ist selbst schuld. (Mit JEDER sind natürlich nicht ALLE gemeint, sondern jeder, der WICHTIG ist und seine Geschäfte auf Kosten ANDERER macht.)

Das Prinzip ist einfach: Eine Hand wäscht die andere, oder wie der Lateiner sagt: Manus manum lavat. »Echte Fründe stonn zesamme« heißt das entsprechende kölsche Lied dazu. Und das stimmt: »Klar geb ich dir ein Alibi für die Tatzeit, ich will meine Alte demnächst auch umbringen.« Oder wie der König der neuzeitlichen Klüngler, Konrad Adenauer, einst sagte: »Mer kennt sich, mer hilft sich.« Dass dafür andere unterdrückt, ausgeschlossen, betrogen und ausgenommen werden und Köln die Beute ist, die die Klüngler unter sich aufteilen, okay. Aber hey, wer Schnitzel will, muss nun mal Schweine schlachten! Natürlich gibt es das überall, es heißt nur anders. Doch überall werden die Beteiligten verachtet und verfolgt. In Köln aber wurde es erfunden und wird bis heute als soziales Networking betrachtet, das völlig legitim und normal ist. Es gehört quasi zum Brauchtum. Und je erfolgreicher jemand klüngelt, desto populärer ist er in Köln. Kölner bewundern den Klüngler so, wie Bayern Respekt haben vor CSU-Politikern, die besoffen mit ihrem Auto Unfälle bauen. Meinst du, Wanderer, die Häuser mit Rheinblick kann man sich durch ehrliche Arbeit erwirtschaften? Aus dem Kölner Klüngel entstand der Legende nach so viel Gutes für die Stadt, sogar die Demokratie: 1288 übernahmen nach der Schlacht von Worringen 15 reiche Kölner Familien die Stadtregierung vom Erzbischof und sorgten dafür, dass nur Mitglieder dieser Familien den Stadtrat bildeten. Doch lässt die Erfahrung, frei nach dem guten alten Brecht (der hatte ja oft Recht), fragen: Was sind das für Zeiten, in denen ein Gespräch über Klüngel fast ein Verbrechen ist, weil es ein Schweigen über so viele Untaten einschließt?

Aber das lässt den »Kölner an un für sisch« kalt. Gut, Köln ist ein gefährliches Pflaster: die höchste Einbruchsquote, die meisten Morde pro 100.000 Einwohner, illegale Autorennen, dementsprechend die meisten Verkehrsopfer in einer deutschen Großstadt, die meisten Drogen, überall illegales Glücksspiel – das hat man davon, wenn man immer die Nummer eins sein will und sich nie mit Mittelmaß zufriedengibt. Jeden Tag mehr als 150 Anzeigen wegen Taschendiebstahl. Handy-Klauer, Antänzer, Trickdiebe – und seit Silvester 2015 auch noch überintegrierte »nordafrikanische und arabische« Föttchesföhler am Hauptbahnhof. Wer braucht da noch Adventure-Holidays – das Leben in Köln ist ja schon ein einziger Survival-Trip. Aber das hat doch nichts mit dem Klüngel zu tun! Klüngel, Nepotismus, Vetternwirtschaft, kriminelle Energie, Schlamperei, Gekungel,

> »Klüngel ist das Ausräumen von Schwierigkeiten im Vorfeld von Entscheidungen.«
>
> *Norbert Burger, Kölner Oberbürgermeister 1980–1999*

Absprachen in Hinterzimmern, Auftragsvergabe unter der Hand, Korruption, Parteienproporz, mangelnde Transparenz in der Stadtverwaltung, Verdrehung von Gesetzen, Nichteinhaltung von Vorschriften, Vertuschung von Missständen wie z. B. verfallende Schulen – all das hat mit Klüngel so viel zu tun wie islamistische Terroranschläge mit dem Islam. Nein, der Klüngel ist in den Augen der ihn praktizierenden Kölner der soziale Kitt, der die Stadt zusammenhält. Das Wort Klüngel leitet sich vom mittelhochdeutschen »clungilin« ab, was »kleines Knäuel« heißt, in dem ganz viele Fäden in- und durcheinanderlaufen, sodass man von außen nicht durchblicken kann, was innen abgeht. Auf Latein heißt das »clunga«. Wie gesagt, nennt sich Köln gern das »Rom des Nordens«. Wenn bei Hochwasser die Altstadt überflutet ist, schreibt sofort ein Journalist vom »Venedig am Rhein«. Dabei wäre »Neapel des Nordens« oder »Palermo am Rhein« viel passender. Hüte dich, Wanderer, vor allen, die Köln zu ihrem Beruf gemacht haben oder die behaupten, Köln und sein Wohlergehen seien ihr Lebensinhalt. Die billigen Schnäuzerfürsten und die Wir-haben-Köln-gepachtet-Vereinsmeier. Pass besonders auf bei jedem, der die Stadt vor sich herträgt. Alles nur Tarnung! Klüngel ist quasi »Mafia op Kölsch«, aber Open Source, sodass im Prinzip jeder mitmachen kann. Das ist nicht schwer, denn zu irgendeinem Zirkel findet jeder Zugang. Der Klüngel ist ja nicht genau eingrenzbar. Er sieht die Stadt als Beute, was liegt also näher, als sich sowohl zur Ausplünderung wie zur Tarnung mitten ins Nest zu setzen und laut zu rufen, man wolle der Stadt zu ihrem eigenen Besten dienen. Es funktioniert hervorragend – und auf allen Ebenen! Und zwar so perfekt, dass ihn bis heute niemand in den Griff bekommen hat. Das gilt nicht nur für Politik und Wirtschaft, sondern für alle Lebensbereiche und vielerlei Institutionen.

Zum Beispiel bist du im gesamten Kultursektor ohne Klüngel nichts, und alles nur durch den Klüngel. Da in Köln sowieso alle

Promis semiöffentlich leben, kannst du, Wanderer, ihnen sogar beim Klüngeln zugucken. Ständig hängen sie irgendwo zusammen und klamüsern was aus. Natürlich ist nicht jedes Gespräch Klüngel, andererseits: Warum nicht das Angenehme mit dem Nützlichen verbinden? Man trifft Wolfgang Niedecken im Kiosk, vertieft in ein Pläuschchen mit Frank Schätzing über die Stellung des Kölsch-Rock in der Weltliteratur. Am Rheinufer sieht man Alice Schwarzer mit Springer-Chef Dr. Döpfner beim Nordic Walking über einen neuen Werbevertrag für das feministische Kampfblatt BILD verhandeln. Lukas Podolski veranstaltet mit einem Eventmanager zusammen ein Kölner »Oktoberfest« unter dem bayerisch-kölschen Motto: »Home is where the Dom is!« In der WDR-Betriebskantine besaufen sich tagein, tagaus Käpt'n Blaubär und die Maus mit Fassbrause, weil der Sender aufgrund der Einsparungen nur noch Wiederholungen sendet. Beim Kinderprogramm, so die Begründung, wächst die Zielgruppe der 3- bis 5-Jährigen ja alle drei Jahre komplett neu nach, da kann man dann wieder alle alten Folgen von vorn senden. Und jeden zweiten Samstag treffen sich dann alle im Stadion, FC gucken. Und apropos Weltoffenheit, liebe Berliner, wo sonst auf der Welt kann der jeweils amtierende Kardinal in Frauenkleidern bzw. Transenlook, vulgo Arbeitskleidung, beim Rossmann unbehelligt Kondome kaufen und in der Kassenschlange mit dem schwulen türkischen Friseur seine Erfahrungen vom letzten Christopher Street Day austauschen? Was nicht selten zu neuen Freundschaften führt: »Wir sollten das Thema bei einem anständigen Abendmahl unbedingt vertiefen.«

Dieses Kapitel
gelesen von Robert Griess

Klüngeln für Anfänger

Wer einmal Freikarten für die Große Karnevalssitzung angenommen hat, steckt quasi schon drin, auch wenn er anfangs denkt: »Diese Kölner sind aber wirklich gastfreundlich!« Denn in der Pause kommt irgendein kölscher Pate (davon gibt es viele, du erkennst sie an der Narrenkappe) auf dich zu und sagt, während er den kleinen Finger auf der Wange hin und her streicht: »Nit hügg un och nit morge, ävver eimol, eins Dags, bruche ich villeich ding Hölp. Kann ich dann op dich zälle?« (Irgendwann, nicht heute

Sieht nach Feiern aus, ist aber harte Arbeit: Klüngelkopp im Dienst

und nicht morgen, aber eines Tages kann es sein, dass ich dich um einen Gefallen bitte und dann zähle ich darauf, dass ich auf dich zählen kann.«) – Die einzig mögliche Antwort (ansonsten droht lebenslanges Karnevalsverbot!) lautet: »Sischa dat, Don Jupp!« (»Na sicher, Herr Pastor«).

Wer nicht mitmacht, ist von außerhalb – oder selbst schuld. Also, Wanderer: Jeder kann die Lizenz zum Klüngeln erwerben. Katholisch sein hilft (der Klüngel im Klüngel!). Ein befreundeter rheinischer Pragmatiker aus dem Bilderbuch war einst aus der katholischen Kirche ausgetreten. Dann lernte er seine große Liebe kennen, die sehr fromm war. Bald schon brachte sie ein rheinisches Mädchen zur Welt, das nach dem Willen der Mama getauft werden musste. Da ist er eben wieder in den Hexenverbrennungsverein eingetreten und ihm wurde als Rückkehrerprämie – der verlorene Sohn! – auch gleich ein Kita-Platz für das Kind versprochen. Man muss eben nur wollen!

Also, Wanderer, wenn es irgendwo hakt, einfach schnell konvertieren. Dann sofort in einen Verein eintreten und sich bei der nächsten Jahreshauptversammlung in ein Amt wählen lassen, das kein anderer machen will. So wirst du sofort beliebt und gewinnst an Einfluss.

> **»Kölscher Klüngel heißt, dienstliche Probleme privat klären.«**
>
> *Kurt Rossa, Kölner Oberstadtdirektor 1977–1989*

Völlig egal, ob Sport, Bienenzucht oder Brauchtumspflege – in der Vereinsmeierei lernt jeder das kleine und das große Einmaleins der Klüngelei. Wer in einem Verein Mitglied ist, der kann auch Mitglied in einem weiteren Verein werden. Und in noch einem. Und noch einem. Perfekt ist die Kombination Sportverein, Schützenverein, Städtepartnerschaftsverein, Brauchtumspflegeverein und Förderverein (von irgendwas). Wer bereits Dreck am Stecken hat, sollte auch über eine Mitgliedschaft bei den Rotariern oder im Lions Club nachdenken, um seinem Treiben den philanthropischen Überbau zu sichern. Wer schon mit einem Bein im Knast steht, sollte schnellstens Mitglied in einem – Königsdisziplin! – Karnevalsverein werden. Da bekommt jeder zahlreiche Orden, die die dunklen Flecken auf der weißen Weste überdecken. Und wer kurz vor der Entdeckung steht, dem hilft nur noch eins: Prinz Karneval werden. Wer bereits verpfiffen worden ist, sollte schnell noch in eine Partei eintreten. Wenn du, Wanderer, dies alles beherzigst, hast du ein Beziehungsgeflecht, das dir eine Eins-a-Karriere und Super-Geschäfte beschert.

Das Schöne ist: Nach und nach werden die Beteiligten an deinem Netzwerk zu echten Freunden, denn du triffst sie immer wieder. Montags im Verein, dienstags erst auf dem Golfplatz und danach im Ausschuss, mittwochs beim Sport (gemeinsam Fußball gucken), Donnerstag im Puff, Freitag in der Veedelskneipe, samstags beim FC und Sonntag morgens im Gottesdienst, abends

Networking op Kölsch: Gemeinsame Erinnerungen sind gut fürs Geschäft

beim Funke-Mariechen-Casting. Ihr Netzwerk wird dein Netzwerk, dein Netzwerk zu ihrem, seine Frau zu dein... – ups, das lassen wir besser – und alle werden immer bessere Freunde. Du kriegst diesen oder jenen Posten, dafür stimmst du im Ausschuss für das Projekt zur Erweiterung des FC-Trainingsgeländes, mit dessen Bebauung der Schmitze Hennes beauftragt wird, der wiederum im Stadtrat für deine Berufung zum Aufsichtsratsmitglied der Stadtwerke stimmt, weshalb der Jupp vom Stadt-Anzeiger Infos über deine Kollegen bekommt, du verstehst, irgendeinen

Schmuddelkram, der muss ja auch sein Blatt verkaufen... Es ist ein ständiges Geben und Nehmen, ein Kommen und Gehen, ein Steigbügelhalten und Beschützen. Gemeinsames Feiern verbindet ebenso wie gemeinsame Gottesdienstbesuche, aber das alles ist nichts gegen gemeinsame Klüngel-Leichen im Keller. Jeder Deal vertieft die Beziehungen, jeder Puffbesuch stärkt die Freundschaft, jede Karnevalssitzung bringt ein paar neue Absprachen, und das Ganze ist eine lebenslange, never-ending Win-win-Situation.

Wie immer beim Pakt mit dem Teufel kommt der Tag, an dem der Klüngel seinen Tribut fordert. Der Preis für Karriere: Jetzt wird die andere Hand gewaschen. Das Opfer, das man bringen muss, ist: die persönliche Integrität, die geistige Unabhängigkeit, das Gewissen, die Skrupel. Wir kennen das aus jedem Mafiafilm. Der Vorteil der Kölner ist: Sie haben so etwas gar nicht. Alaaf! Skrupel sind was für Protestanten. Ein Gewissen behindert einen doch nur in seiner persönlichen Entwicklung. Das widerspricht völlig dem Konzept vom sorgenfreien, lebensfrohen kölschen Menschen.

Wer das nicht versteht, dem kann ich nur sagen: to have lunch or to be lunch. Und die Klüngler sind ja auch nicht faul. Alle Regeln zu umgehen, immer mit einem Bein im Knast zu stehen, erfordert schließlich auch Aufwand. Klüngeln ist ein Fulltime-Job, was zum Teil erklärt, warum in Köln so viel anderes nicht funktioniert – sind doch die Amtsträger alle mit dem Klüngeln so beschäftigt, dass sie zu ihrem eigentlichen Job gar nicht kommen. Als Klüngelskopp kannst du nicht einfach sagen: Ich mache mal ein halbes Jahr Pause. Sofort ist ein anderer da und nimmt deinen Platz ein. Saufen bis zum Umfallen – das ist wörtlich gemeint. Klüngeln bis zum Herzinfarkt.

Survival-Tipp Nr. 94

Gründe auf Facebook eine Köln-Gruppe, die es noch nicht gibt. Und dann: Posten, posten, posten! Einfach alles gut finden: FC, Karneval, das Wetter, den Dom, Wilfried Schmickler, de Klüngelsköpp, Marc Metzger, RTL-West, Express, Paveier, Radio Köln – einfach immer alles gut finden!!!

Klüngeln für Fortgeschrittene

In den letzten Jahren ist in Deutschland ein bizarrer Wettstreit der Großstädte zu beobachten: Welche Kommunalpolitiker schaffen es, die meisten Steuergelder in überambitionierten Großprojekten zu versenken, dabei gleichzeitig die Kitas und Schulen verkommen zu lassen und trotzdem ungeschoren davonzukommen? Andere Städte planen zwar auch Großprojekte, mit denen sich megalomane Reviermarkierer Denkmäler des Größenwahns setzen, allein in Köln gibt es immer eine Vielzahl davon gleichzeitig! Deshalb belegt Köln auch hier einen Spitzenplatz. Woran liegt's? Weil Köln als »nördlichster Stadt Italiens« mafiöse Strukturen quasi in seine DNA eingeschrieben sind? Die Antwort mag dich, Wanderer, überraschen, aber: Köln ist die Welthauptstadt der Toleranz. Die Kölner sind einfach so tolerant, dass sie jede Schweinerei der Stadtspitze hinnehmen, ohne dass je jemand Konsequenzen ziehen müsste. Niemand, der in Köln etwas verbockt, muss je die Verantwortung dafür übernehmen. Geschweige denn, dass er vor Gericht gestellt wird. Da schaust du, Preuße! Bloß weil ihr korrekt seid, läuft's bei euch ja auch nicht besser. Dann aber lieber mit guter Laune als piefig-spießig! Wir singen lieber: »Scheißejal, scheißejal ...«

Im März 2009 ist die U-Bahn-Baustelle in der Severinstraße samt Kölner Stadtarchiv eingestürzt. Das Stadtarchiv ist also weg, was hier schulterzuckend akzeptiert wird: »Wat fott is, is fott!« Doch

das Loch an der U-Bahn-Baustelle an der Severinstraße kann man auch sechs Jahre nach dem Einsturz noch besichtigen, als Mahnmal des Unbekannten Einsturzopfers. Es klafft wie eine Kölner Miniaturausgabe des Tors zur Hölle. Nachdem die U-Bahn-Baustelle eingekracht war, trat der damals amtierende Oberbürgermeister Fritz Schramma, zuvor einer der eifrigsten Befürworter des umstrittenen Baus, der die Südstadt mit dem Kölner Norden verbinden soll, am Tag danach vor die Mikrofone der Weltpresse und sagte: »Man muss sich ja fragen, ob eine U-Bahn in einem dicht besiedelten Gebiet überhaupt Sinn macht.« In der Eifel macht eine U-Bahn natürlich viel mehr Sinn. Damit die Kühe bei schlechtem Wetter trocken von der Weide in den Stall kommen.

»Scheißejal, scheißejal ...«

2015 musste die Oberbürgermeisterwahl verschoben werden, weil die Stimmzettel falsch gedruckt waren. Die Verschiebung der Wahl und der Neudruck der Stimmzettel kostete den Steuerzahler zwei Millionen Euro. Peanuts, oder?

»Scheißejal, scheißejal ...«

Was nur einen Bruchteil der Mehrkosten ausmacht, die für die Sanierung der Kölner Oper an der Nord-Süd-Fahrt anfallen. Sie hätte ab Herbst 2015 wieder bespielt werden sollen. Natürlich wird sie nun erst viele Jahre später als vorgesehen fertig. Derweil belaufen sich die Kosten für die Sanierung der alten Oper statt wie vorgesehen auf 280 Millionen auf 460 Millionen – Tendenz steigend. Hinzu kommen derzeit 19 Millionen Jahresmiete für das Provisorium.

»Scheißejal, scheißejal ...«

Immer noch Baustelle: Die U-Bahn an der Einsturzstelle des Stadtarchivs

Die Kölner Brücken! Jahre benötigte die Stadt, um eine kleine Fußgänger-Holzbrücke am Aachener Weiher zu sanieren. Und zwar, nachdem diese gerade neu gebaut war, aber falsch. Dasselbe an der Brücke Gleueler Straße über den Decksteiner Weiher, deren Sperrung Pendler jahrelang Lebenszeit im Berufsverkehr kostete. Und erst die Leverkusener Brücke auf der A 1! Stau, Stau, Stau!

»Scheißejal, scheißejal …«

Last but not least die große Treppe am Deutzer Rheinufer. Nicht nur, dass sie doppelt so teuer wurde, wie ursprünglich gedacht, obwohl es noch nicht einmal eine Wendeltreppe ist. Es fallen auch jedes Jahr immense Reinigungskosten an, weil beim Bau die falsche Oberflächenbeschichtung verwendet wurde.

»Scheißejal, scheißejal …«

Doch in Köln ist nie jemand schuld. Wenn in Köln jemand etwas verbockt hat, ist das höhere Gewalt. Weil der Zuständige vermutlich grad mit Klüngeln beschäftigt war, als das Malheur passierte. Deshalb lautet das Mantra der Kölner Dezernenten grundsätzlich: »Isch wor et nit.« Und der Amtsleiter sagt: »Isch wor et och nit.« Der Abteilungsleiter sagt: »Denkste, isch wor et jewäse? Nää! Isch och nit!« Und bevor in Köln irgendjemand den Hut der Verantwortung aufgesetzt bekommt, fängt garantiert irgendwo im Saal ein Ganzjahresjeck an zu singen: »Da simmer dabei, dat is prima // Viva Colonia!« Und schon fängt der ganze Saal an zu schunkeln, der Skandal ist vergessen – bis zur nächsten Schweinerei.

Aber wir wollen hier nicht die rheinische Verantwortungslosigkeit kritisieren, sondern mit den Mitteln des rheinischen Frohsinns konstruktive Lösungsvorschläge machen: Künftig übernimmt am 11.11. im jährlichen Wechsel der jeweilige Prinz Karneval auch das Amt des Oberbürgermeisters, der jeweilige Bauer wird Baudezernent und die Jungfrau Kulturdezernentin. Dreifach »Alaaf!«

Herr Stapper: Mit Hartz IV in die Oper

Mir han jetz zehn Johr Hartz iV in Deutschland un ich kann met Fug un Rääch sage: Ich ben vun Aanfang aan dobei! Un do ich zehn Johr durchgehalde han, hätt de Stadt mir, quasi als en Extra, zwei Opern-Kaate geschenk. Ey, ich han Räschersche gemaht. Jede Kaat weed in Kölle met 400 Euro subventioniert – ohne dat man de Baukoste dobeirechent.

Wenn alsu e Ihpaar sin Kroko-lederne-Sammlung aan de Häng und Fööss usführt, dann sin dat aan enem Ovend zwei Hartz IV Monatssätz! Zum Pläsierche vun dr Großbourgoisie! Klar, dat mer dann och Champagner in dr Paus drinke kann. Die su tituliierte Eliten looßen sich ihr Pläsierche su vun unserer Stüür bezahle. Ävver all dat wat mir all bruche, leet mer in dr letzte Jahr usblode: Gesundheit, Bildung, Pänz-Betreuung, Rentner-Betreuung. Wichtig iss nor, dat die Unsympha-ten us dr Stadt ovends in dr Oper jon künne – do bin ich för Revolte!

(Übersetzung:) Wir haben mittlerweile zehn Jahre Hartz IV in Deutsch-land und ich kann mit Fug und Recht behaupten: Isch bin von Anfang an dabei! Und weil ich zehn Jahre durchgehalten habe, hat die Stadt mir, quasi als Erfolgsprämie, zwei Opern-Tickets geschenkt. Ich habe Re-cherchen gemacht. Jedes Opern-Ticket in Köln wird mit 400 Euro sub-ventioniert – ohne dass man die Baukosten mit reinrechnet. Wenn also ein Ehepaar seine Krokoleder-Sammlung an Hand und Fuß ausführt, sind das zwei Hartz-IV-Monatssätze – an einem Abend! Zum Vergnügen der Großbourgoisie! Klar kann man da Champagner in der Pause trinken. Die sogenannten Eliten lassen sich ihr Privatvergnügen von der Steuer finan-zieren. Aber alles, was die Allgemeinheit braucht, lässt man seit Jahren finanziell ausbluten: Gesundheit, Bildung, Kinderbetreuung, Rentner-betreuung. Hauptsache, die Unsympathen der Stadt können abends in die Oper. Da bin ich für die Revolte!

Karneval in Kölle

oder: kein Sex ohne Pappnas!

>Beinah, beinah, beinah, beinah,
beinah hätt se misch jebütz,
ävver leider kam de Rainer
Und dä hät dat Ding jeritz.«
(Paveier, Kölner Heavy-Metal-Band)

Wäre der italienische Komponist Antonio Vivaldi in seinem Leben nur einmal in Köln gewesen, hätte die Welt heute die »Fünf Jahreszeiten«, sprich: vier Jahreszeiten plus Zugabe. Wobei es für die Musikgeschichte vermutlich besser ist, dass Vivaldi den Kölner Karneval nicht vertont hat. Obwohl es interessant wäre, wie das bei einem Musikgenie klingt: Violinen mit Pappnase. »De Zoch kütt«, lautet der Ruf freudiger Erwartung, vor allem der Kinder, wenn die Wagenladungen voller Kamelle-Werfer näher kommen. Die Karnevalsumzüge sind die einzigen Züge, die in Köln pünktlich sind. Damit sind sie schon Sinnbild dessen, was Karneval los ist: Die Welt wird auf den Kopf gestellt. Ja, der Karneval! Die Session beginnt am 11.11. um 11:11 Uhr und am Aschermittwoch ist alles vorbei. Dazwischen geht es ab, frag nicht nach Sunneschingk: suffe, poppe, danze – als gäbe es kein morgen. Köln ist die Welthauptstadt des Karnevals. Alle Kölner lieben den Karneval. Die einen, weil sie die größte Party der Welt feiern, die andern, weil sie ein langes Wochenende nach Holland fahren können, ohne Urlaub nehmen zu müssen. Karneval, das ist Ekstase, Rausch und Liebe! Die kölsche Version von Sex & Drugs & Rock'n'Roll! Es ist der Höhepunkt des Jahres. Es gibt so viele Artikel, Bücher und TV-Dokumentationen darüber, aber die kannst du, Wanderer, alle in die Tonne treten. Du musst es selbst einmal erlebt haben. »Alle Menschen werden Brüder!« Diese Liedzeile aus der »Ode an die Freude« von Friedrich Schiller kann getrost als das Ur-Karnevalsmotto gelten. Komponiert hat es eben nicht Vivaldi, sondern Ludwig van Beethoven, ein Bonner und somit Rheinländer! Um die Unterschiede der alltäglichen Ge-

Jeck von außerhalb (fröhlich)

sellschaftsordnung zu verwischen, verkleiden sich an Karneval alle, jeder Jeck nach seiner Façon. Das rechte Rheinufer steht voll mit Wohnmobilen, weil die Hotels an den jecken Tagen schon Jahrzehnte im Voraus ausgebucht sind, und die ganze Stadt ist voll mit fröhlich feiernden Westfalen, Bayern, Niedersachsen, echten Sachsen, Berlinern, Schwaben, Berliner Schwaben sowie mit Hessen, Sauer-, Saar-, Eng- und Holländern, die an Karneval in Kölle endlich sein dürfen, wie sie immer sein wollen: wie die Kölner! Einzig die Aussicht auf Karneval lässt sie das Jahr über ihre triste Existenz in der Provinz ertragen. Karneval, das ist Freiheit, Enthemmung und Verschwendung. Also im Grunde all das, was Köln auch den Rest des Jahres ausmacht, nur eben in hochkonzentrierter Form. Der Kölner Karneval ist für den Mitteleuropäer im Grunde, was für den Moslem die Pilgerfahrt nach Mekka: Man muss einmal dabei gewesen sein, sonst fehlt etwas im Leben! Man drängt sich mit kleinen Pausen tagelang extrem eng mit Hunderten anderer in Kneipen, trinkt dabei Kölsch ohne Limit und schunkelt zu Liedern kölscher Mundart. Ach was, man schunkelt nicht, man wird geschunkelt, oder wie der erleuchtete Yoga-Yogi sagen würde: Ich werde geschunkelt! Und das Magische daran: Es macht allen Beteiligten einen Riesenspaß! Je enger und bekloppter, desto besser! Und nächstes Jahr kommen alle wieder! Für jene, die nicht nachvollziehen können, was an dieser Art des Feierns toll sein soll, gibt es nur zwei Möglichkeiten: noch zehn Kölsch auf ex oder nach Holland fahren.

Es gibt sie ja wirklich: Menschen, die behaupten, Karneval sei die unterste Stufe des Feierns, schlimmer noch als das Oktoberfest in München. Es gehe nur darum, sich möglichst schnell abzuschießen und fremdzugehen. Und die Kinder und Jugendlichen! Sie seien schon am 11.11. und auch an Weiberfastnacht – quasi bis Aschermittwoch durchgehend – sogar schon vor 11:11 Uhr hoffnungslos besoffen, teils gar schon im Kölsch-Koma. Ungezählt all die, die sich jedes Jahr im Karneval tot saufen oder zumindest dumm! Einmal hat es ein Jeck sogar posthum in die Endauswahl des Darwin Awards für die dümmste Art, zu Tode zu kommen, geschafft: Er war betrunken, stellte sich ans Rheinufer, um in den Fluss zu pinkeln, und fiel beim Wasserlassen

Jeck aus Köln (müde)

ins Wasser. Seine Leiche wurde am Aschermittwoch in Düsseldorf ans Ufer geschwemmt. Aber da kann ja der Karneval nichts dafür. Ebenso wenig dafür, dass viele Hektoliter Erbrochenes während der jecken Tage die Lüfte und Düfte und Bürgersteige der Stadt verunreinigen. Der Karneval hat viel mit der katholischen Kirche gemeinsam (wenngleich er auch durch und durch heidnisch ist), deshalb sind beide in Köln so dominant. Es gibt Gläubige (Jecke), die ihren Gott anrufen (Alaaf), die Sünde wird ebenso zelebriert (suffe, poppe, danze) wie die Buße (Nubbelverbrennung). Es finden statt der Tod (Aschermittwoch) und die Auferstehung (11.11.), es gibt Gottesdienste (Karnevalssitzung) und Prozessionen (De Zoch kütt), Sakramente (Ordensverleihungen) und die Dreifaltigkeit (Prinz, Bauer, Jungfrau). Es gibt Engel (die Blonde im Marilyn-Kostüm) und Dämonen (ihr Freund als Spiderman). Und es gibt die Dualität von Paradies (Lachende Köln-Arena) und Hölle (Mainz, wie es stinkt und kracht).

Dieses Kapitel
gelesen von Robert Griess

Sitzungskarneval

Vor den Straßen- und den Kneipenkarneval hat der Oberjeck, dä leve Jott, den Sitzungskarneval gesetzt. Karnevalssitzungen sind alle gleich: Sämtliche angesagten kölschen Karnevalscombos treten auf, aber nicht länger als je 15 bis 20 Minuten. Alle angesagten kölschen Büttenredner treten auf, aber nicht länger als 10 bis 15 Minuten. Dazwischen tanzen alle angesagten kölsche Funkemariechen eingeübte Formationstänze in den Uniform-Parodien auf die einstigen französischen Besatzer. Moderiert wird die Sitzung vom Präsidenten des jeweiligen Elferrates des veranstaltenden Vereins, meist ist das ein kölscher Schnauzbartfunktionär. Das Kölsch kostet während der Sitzung pro 0,2-l-Glas zwar so viel wie in München die Maß auf dem Oktoberfest, dennoch wird es hektoliterweise ausgeschenkt. Für die Frau gibt's alternativ süßen Moselwein, denn ohne dicke Birne am nächsten Tag war es keine gute Sitzung.

Höhepunkt der Sitzung ist der Einmarsch in den Saal. Also, nicht der des Prinzenpaares. Sondern der FC-Cheerleaderinnen! Wenn die Cheerleaderinnen loslegen – jede einzelne von ihnen ein gecastetes, lecker Mädsche, frage nicht! –, hält es keinen kölsche Jung mehr op de Stöhl. Die Halle/das Zelt/die Menge tobt, klatscht und brüllt: »Ausziehen, ausziehen!«

Damit es kein Gedränge vor den Toiletten gibt, haben die Kölner ein System erfunden, das es ihnen erlaubt, gleich an Ort und Stelle zu pinkeln. Der Legende nach wuselten früher Heinzelmännchen unter den Tischen herum und wischten alles auf, woraus später der Klomann entstand.

Kölsche Berufe, Folge 243

Brauhaus-Klomann/-Klofrau

Brauhaus darf sich nur nennen, wer einen eigenen Klomann bzw. eine Klofrau beschäftigt. Den Beruf gibt es seit dem Mittelalter, als die Einheimischen direkt, wo sie tranken, auch unter sich Wasser ließen (gibt es heute nur noch auf dem Münchener Oktoberfest). Damit der Betrieb nicht in Unrat versank, krabbelten die Klomänner in 12-Stunden-Schichten unter den Tischen mit dem Wischtuch herum. Reich wurden sie nicht durch den kargen Lohn, der ihnen gezahlt wurde, sondern durch das Geld, dass sie unter den Tischen fanden, wobei es als wahrscheinlich gilt, dass die Klomänner beim Herausfallen des Geldes aus der Tasche des Gastes nachgeholfen haben. Heute ist Klomann (seit 1980 auch Klofrau) ein dreijähriger Ausbildungsberuf, wie übrigens auch → Köbes (Seite 33) ,mit Abschlussprüfung vor der IHK. Besondere Qualifikationen, die der Klomann bzw. die Klofrau während der Ausbildung erwirbt, sind: sanitäre Anlagen warten, reinigen und beaufsichtigen, Kondomausgabe bei eiligen Paaren, Erste Hilfe leisten bei kollabierten Personen, böse gucken. Meist arbeitet der Klomann bzw. die Klofrau selbstständig, d. h., er/sie ist nicht angestellt und lebt ausschließlich von den Trinkgeldern, die der Kunde in einem bereitgestellten Porzellanuntertässchen klimpern lässt. Klomann bzw. Klofrau gehören zu den bestverdienenden Berufsgruppen in Köln. Die Redensart »aus Scheiße Gold machen« hat hier ihren Ursprung, sie wurde übers Fernsehen in die Welt gesendet und später in Zusammenhang mit Hedge-Fonds weltberühmt.

Voraussetzungen: dreimonatiges unbezahltes Praktikum, BWL-Studium.

Ein Job für Kleinwüchsige, die in Köln und Umgebung nicht im Bergbau arbeiten konnten, weil es rund um Köln nur Braunkohle-Tagebau gab. Und einmal unterm Tisch, besorgten sie noch ganz andere Jobs. Heute führen in den Boden eingelassene Rillen die Abwässer direkt in den Gulli. Deshalb gibt es keine Heinzelmännchen mehr in Köln.

Die Bläck Fööss haben darüber sogar ein »Kackleed« geschrieben, in dem es heißt:

> **»Wä he bei uns em Städtche wunnt,**
> **dä kack en d'r Kanal**
> **un wä et richtich ielich hät,**
> **dä kack he e n d'r Saal.**

(Wer hier bei uns im Städtchen wohnt, / der kackt in den Kanal / und wer es richtig eilig hat, / der kackt hier in den Saal.)

Du merkst schon, Wanderer, Karnevalssitzungen in Köln sind lange nicht so bieder wie Mainz bleibt Mainz wie es stinkt und kracht, sondern es fängt da an, wo es in Mainz nach dreiein-halb Stunden aufhört: beim Exzess. Obwohl: Der Karneval wird auch von vielen Kölnern oft und heftig kritisiert als reaktionäre Schnarchnasenbrauchtumspflege, die von Brauhäusern und in-zwischen einer einzigen großen Karnevalsagentur dominiert wird, bei der fast alle relevanten Bands und Büttenredner (»Gott hat den Karneval erfunden, damit auch schlechte Komiker Geld verdienen können«) unter Vertrag stehen.

Und überhaupt: von uralten Vereinen wie Blau-Weiß oder Rot-Weiß, aber auch Grün-Weiß und Weiß-Grün nach strengen Regeln durchorganisierter Frohsinn dominiert von den immer gleichen Schnauzbartvereinsmeiern, die die Stadt vor sich hertragen, als seien sie ihre Hohepriester – wenn das nicht miefig-spießig ist! Und was machen diese Kölner? Bleiben sie den Sitzungen fern und denken sich stattdessen neue Formen des Feierns aus? Viel besser: Sie machen ihre eigene Sitzung! Jeder Jeck ist anders! Es gibt die alternative Stunksitzung, die schwul-lesbische Rosa Sit-zung, die Immi-Sitzung der Zugezogenen, die multikulturelle Bunte Sitzung, die evangelische (!) Prot's-Sitzung (!) und vie-le mehr... Wenn der Trend sich fortsetzt, gibt es 2387 so viele

Sitzungen wie Jecke und jeder macht seine eigene Sitzung. Es gibt aber bestimmt auch schon ein Start-up, welches eine Karnevals-App entwickelt, auf der die Humor-Module und Songs aller Redner und Bands abrufbar sind, sodass sich jeder Jeck künftig seine eigene Sitzung auf dem Smartphone zusammenstellen und zu Hause ansehen kann, anstatt ins Festzelt zu gehen. Das ist total toll, alleine zu feiern! Weil man sich dann nicht mehr den Grippeviren der anderen Jecken aussetzt. Man kann sich per Chat mit anderen Usern austauschen, welche Reden und welche Songs man gut findet, und muss nicht mehr den langen Weg zu den Locations auf sich nehmen. Außerdem gibt es eine Flat, sodass man zu Hause schon für 2,99 Euro einen kompletten Abend lang Zugriff auf alle Karnevalsmodule hat, anstatt 60 Euro Eintritt für den Gürzenich bezahlen zu müssen. Sowieso ist die Frage, ob sich künftig die Digital Natives zum Feiern noch treffen oder nur noch ihr Handy kostümieren. iPhone12 geht dann als Galaxy S 8 oder das neueste HTC-Handy geht als Tablet.

SEX

Nirgendwo kann man so leicht Sex haben wie im Karneval. Abgesehen von Berliner Nachtclubs und dem englischen Königshaus. Und ich meine hier nicht Sex mit dem eigenen Partner. Den solltest du, Wanderer, an Karneval besser zu Hause lassen, wie meine Großmutter stets sagte, und sie hatte immer Recht: Man nimmt ja auch kein Bier mit nach München. Karneval ist die buchstäblich geilste Party der Welt. Fünf Tage Enthemmung und Vögeln im Vollrausch. Ein Statistik-Professor hat ausgerechnet, dass im Rheinland an Karneval insgesamt drei Wasserwerfer voll Sperma ausgeschüttet werden. Auf welcher Demo wird

das dann wohl von der Polizei eingesetzt? Gegen homophobe Nazis und Salafisten oder doch am Weltfrauentag gegen Feministinnen? Ich will es lieber gar nicht wissen.

Die Weiberfastnacht-Feier der Stadtverwaltung wird im Volksmund nur »Fickendes Rathaus« genannt. Die im WDR »Vögelndes Funkhaus« und die in der katholischen Erzbistumsverwaltung »Tuntenball«. Die britische BBC nennt den Rosenmontag treffend »horny monday« (»geiler Montag«): »In Köln wird es akzeptiert, dass jeder mit jedem während dieser Zeit schlafen darf, selbst wenn er mit jemand anders verheiratet ist. Dieses Recht nehmen auch alle in Anspruch. Sagen sie.«

Was hatte ich schon für Sex-Abenteuer an Karneval! Jedes Jahr drei. Mindestens. Pro Abend. Und was für Frauen! Weiber-fastnacht-Pocahontas aus Paris, Superwoman aus Bochum und »Dornmöschen« (so stand es auf ihrem T-Shirt) aus Köln-Porz. Am Tag darauf die Froschfrau, die Eselin und die Miezekatze. Karnevalssamstag ließ ich es wegen der Nachwirkungen der toxischen Getränke etwas ruhiger angehen. Doch Karnevals-sonntag, höhö, da lernte ich erst die Kängurufrau kennen, dann ihre Freundinnen, die Wahrsagerin und »Schneeflittchen« (stand auf ihrem T-Shirt). Und das war jetzt nur 2013. Ich habe es schon mit einer Domina gemacht (2011), einer Piratin (2011), einer Fle-dermaus (2012), einem Funkenmariechen (jedes Jahr). Einer orientalischen Bauchtänzerin (2001), die entweder Türkin war und als Kurdin ging oder umgekehrt. Ich hatte was mit einer Gastroenterologin (2003, 2004, 2005, 2007, 2008), die als Biene Maja verkleidet war, und einmal was mit einer fleischfressen-den Pflanze (2005). Wenn es denn eine Frau war. Ich hatte was mit Josephine Baker (2006, 2009, 2010, 2016), einem Apfel (2012, 2013, 2014), einem Kamel (zwei Frauen in einem Kostüm! 2009), einer Harley-Davidson (2015) und einer Blumenvase (2002). 2012 war eine Brillenschlange dabei, 2016 sogar eine Porno-schauspielerin – ob verkleidet oder nicht – scheißejal. Eine Bayerin war dabei (2007), ein Cowgirl namens Calamity Jane (2002, 2004, 2006, 2008, 2010, 2012, 2014, 2016 – sie stammt aus Weimar und kommt alle zwei Jahre zum Karneval nach Köln), eine Kammer-zofe (2015), eine Pippi Langstrumpf (1992). Mit all diesen Frauen hatte ich an Karneval Sex.

Auf dem Klo im Hotel, auf einem Flur im Rathaus, im Getümmel – weil es so eng war, dass man eh nicht umfallen konnte –, auf dem Damenklo, auf dem Herrenklo, auf dem Behindertenklo, im Paternoster des WDR, im Fahrstuhl des Uni-Centers, einfach so im Vorbeigehen (»Du hast aber ein hübsches Nonnenkostüm an!« – »Dein Eselkostüm ist auch sooo süß.« – Wutsch, fertig.) Auf einem Spielplatz (aber nachts! No kids on the block!) oder auf der Motorhaube eines Polizeiwagens. So war es. Ehrlich. Alle haben so oft Sex an Karneval. Alle! Sagen sie. Und ich war ja auch dabei. Also muss es stimmen. Auch wenn ich jedes Mal so hackestramm war, dass ich mich nicht wirklich erinnern kann.

Kölsche Anthropologie

Ich kam einst an Weiberfastnacht von einem Kabarett-Auftritt in Stuttgart per ICE zurück nach Köln. Ich musste jedoch mit der Straßenbahn durch das jecke Treiben in mein Veedel fahren. Die Bahn war ziemlich voll, zur Hälfte mit kostümierten Fahrgästen, zur anderen Hälfte mit Zivilisten. In meiner unmittelbaren Nähe standen zwei unverkleidete Jeans-Kutten-Träger, je eine Bierdose in der Hand. Der eine war schon so hinüber, dass sein Kopf schräg zur Seite hing. Dabei stützte er sich mit der Hand, in der er die Bierdose hielt, an der Wand ab, sodass das Bier in dünnen Fäden auf seine Hose lief.

Plötzlich rief er, an seinen Freund gewandt: »Ey, meine Hose ist nass.« Darauf der Kumpel: »Halt eben deine Bierdose grade.« Der Erste: »Alter, meine Hose ist nass.« Der Zweite, in die Runde blickend: »Der meint das nicht so.« Der Erste, jetzt panisch: »Ey, meine Hose ist nass.« – »Halt dein Bier anders. Oder trink es aus!« – »Welches Bier? Ey, meine Hose…« Er stierte auf die Unglücksstelle, veränderte aber nicht seine Haltung. Dann sagte er, verzweifelt: »Scheiße, ich wollte doch noch zum Zülpicher Platz, ficken.«

Karnevalsmusik

Um den Kölsch-Umsatz anzukurbeln, haben sich die Brauhäuser und Wirte Kölns etwas Geniales einfallen lassen: Karnevalsmusik. Manchen Kölnern steigen Tränen in die Augen, wenn sie irgendwo auf der Welt zufällig ein Karnevalslied hören. O Heimat!

Den meisten Nicht-Kölnern stellen sich eher die Fußnägel auf. Viele sagen: Karnevalsmucke sei die dunkle Seite des kölschen Frohsinns. Aber Leute, hey: Es ist halt Stimmungsmusik. Und wo sie erklingt, ist sofort eine Superstimmung, so what! Gut, für Nicht-Jecke klingt es so: Pseudojovial schleicht sich die mit Kölsch geölte Stimme des Stimmungsmusikanten mit durch den Dialekt geschmeidig gemachten Worten – Jeföhl, Hätz, Minsche, Mädsche, Rhing, Kölle – in den Gehörgang des Opfers und klingt dabei nicht selten wie der schmierige, nette Onkel von nebenan mit dem fettigem Haar über der Halbglatze, Bierbauch und hochgezwirbeltem Schnäuzer, der dem arglosen Kind halb geschmolzene Schokolade schenkt und dabei lüstern mit den Augen zwinkert. Ach, wäre doch Vivaldi einmal in seinem Leben in Köln gewesen. Vielleicht hätte alles eine andere Richtung genommen.

Aber so: Menschen, die das ganze Jahr über einen zumindest annehmbaren Musikgeschmack haben, verfallen bei den ersten Klängen zu »In unserm Veedel«, »Hey Kölle, do bes e Jeföhl« oder »Ne kölsche Jung« in einen hypnotischen Zustand: Ihre Gesichter werden leer, ein feuchter Glanz schimmert in ihren Augen,

sie haken einander unter, fangen an zu schunkeln und grölen im Chor die ihre Stadt verherrlichenden Refrains. Es ist die kölsche Form der bayerischen Mutantenstadlmusik, irgendwo zwischen Après-Ski-Hüttengaudi und Ballermann-Partys. Wobei sich Kölner und Münchner Brauereien noch darüber streiten, ob nun die einen bei den andern die Idee geklaut haben oder die andern bei den einen. Jedenfalls fallen bekanntlich sowohl die volkstümliche Musik als auch die kölsche Karnevalsmusik unter die Genfer Kriegsgefangenenkonvention: Das zwangsweise Anhören dieser Musik wird als Folter eingestuft, sofern der Hörer nicht mindestens 1,2 Promille Alkohol im Blut hat und im Rheinland geboren wurde. Je betrunkener du bist, Wanderer, desto schöner findest du diese Musik. Nüchtern ist sie so furchtbar wie sonst nur Düsseldorfer Büttenredner oder die Scharia. Die Fans dieser

Musik werden mir aufs Schärfste widersprechen, doch sie finden die Musik ja nur gut, weil sie sie immer besoffen hören. Das ist der Pawlow'sche Reflex beim Kölner: Spiel ihm ein Karnevalslied von den Höhnern, Paveiern, Klüngelsköpp, Kasalla, Nikuta, Bläck Fööss, Brings, Cat Ballou, De Räuber oder De Klüngelsköpp vor, so wird in Millisekunden per Synapsen-Live-Schalte ins Hirn die Region aktiviert, die sich auf ein frisches Kölsch freut.

Karneval bringt Farbe in den tristen Alltag

Umgekehrt gilt: Je mehr Kölsch er schon intus hat, desto größer die Freude, wenn plötzlich die vertrauten Klänge ertönen. So oder so: Bei »Dat Wasser vun Kölle« (Bläck Fööss) läuft dem Kölner das Wasser im Munde zusammen. Und so trägt die Karnevalsmucke erheblich zum Umsatz der Kölner Kneipen bei.

Karnevalslieder hören sich für nichtrheinische Menschen alle gleich an, weil sie alle die kölschen Begriffe Jeföhl, Hätz und Minsche (Gefühl, Herz, Menschen) beinhalten, gut mitgrölbar sind und alle den gleichen Tam-Tam-Tam-Tam-Rhythmus haben, der das Hin-und-her-Schwanken des Besoffenen vorwegnimmt und dadurch eine Kunstform draus macht, drum heißt er ja auch

»Schunkel-Rhythmus«. Hier zeigt sich wieder das Kölner Talent, aus einem Mangel etwas scheinbar Großartiges zu machen. Wer sonst schafft es, Tausende Lieder zu komponieren, die alle klingen, als wären sie in ein Fass Kölsch gefallen und um die immer gleichen Begriffe Hätz, Jeföhl und Minsche kreisen? Und natürlich Kölle, denn es gibt keine andere Stadt auf der Welt, die von ihren Einwohnern so oft besungen und verherrlicht wurde? Es gibt inzwischen Millionen Lieder in der Art von:

»Mir han et Hätz om rechte Fleck,
denn mir all sin Minsche«

(Bläck Fööss)

oder auch:

»Denn mir sin all, all, all nur Minsche,
Et Hätz om rechte Fleck«

(Brings)

Und alle Kölner kennen diese Lieder natürlich schon im Kindergarten auswendig:

»Hey Kölle – do ming Stadt am Rhing,
he wo ich jroß jewode ben.
Do bes en Stadt met Hätz un Siel.
Hey Kölle, do bes e Jeföhl!«

(Höhner)

Sonst werden sie gar nicht erst nicht zur Schule zugelassen.

»Weil mie Hätz su schläht
Weil et mich usmäht
Weil mer niemols verejiss
Weil et immer noch su es
Singe mir die kölsche Leeder
Spreche mir die kölsche Sproch«

(Cat Ballou)

Und müssen stattdessen in die Vororte nach Hürth, Bergisch Gladbach oder Pulheim ziehen.

>**Jo wenn ich dausend Levve zu lääve hätt,**
Köm ich dausend Mol nit vun dir loss,
Ich hätt dausend Levve bei dir jelääv:
Ming ahle Stadt am Fluss,
Denn he bin ich zu Hus –
Schalalalala – willkommen in der Stadt mit K«

(Kasalla)

Und wer will das schon? Innen drin bleibt immer die Sehnsucht nach der Heimatstadt:

>**Wenn ich su an ming Heimat denke**
un sin d'r Dom su vör mer ston,
mööch ich direk op Heim an schwenke,
ich mööch zo Foß no Kölle gon.«

(Willy Ostermann, Tausende Mal gecovert!)

Kölsch-Mucke ganz ohne Karneval

Man glaubt es kaum, aber es gibt auch Musik mit kölschen Texten ohne Karnevalsbezug. Wie immer ist Musik natürlich Geschmackssache. Aber wenn du willst, Wanderer, dann horch mal rein in die Musikszene der Stadt am Rhein. Du kennst zwar BAP, aber du solltest unbedingt auch Köster/Hocker/Krumminga kennenlernen. Und deren ehemalige Band »The Piano has been drinking«. Witzig, tiefschürfend und so durch und durch kölsch, da kann manche Karnevals-Combo nur von träumen! Man glaubt es kaum, aber es gibt auch Musiker in Köln, die auf Hochdeutsch und sogar Englisch singen. Und Köln kommt als Thema auch nicht vor, z. B. Cowboys on Dope, der unermüdliche Straßen-Fiedler Klaus, der Geiger, die Jung-Stars AnnenMayKantereit, der Hip-Hopper Eko Fresh, die Soulcats ...

»Immer eine Armlänge Abstand halten« (H. Reker, Kölner OB)

Der Dom

> »Du fragst, warum ich glaube,
> dass noch immer alles gutgeht,
> solange nur der Dom steht …
> Doch es gibt keinen tiefren Sinn –
> es ist nur, weil ich ein Kölner bin.«
>
> *(Wise Guys, Kölner A-Capella-Band in Rente)*

Es wurde mehr über ihn geschrieben als über jeden anderen Kölner, sogar mehr als über Lukas Podolski: den Kölner Dom. Zusammen mit dem 1. FC Köln und dem Karneval bildet der Dom die Dreifaltigkeit der Stadt am Rhein. Oh Mist, der Rhein gehört ja auch dazu. Also: Kölns Dreifaltigkeit ist ein Quartett. Da ist er wieder, der Hang zur Verschwendung. Wir haben ja auch fünf Jahreszeiten und nicht bloß vier. Der Dom ist das Heimatsymbol des Kölners schlechthin. Kommt der Kölner von weit weg (z. B. Teneriffa oder Troisdorf) nach Hause und sieht von fern die Spitzen des Doms, schlägt sein Herz höher vor Freude. Endlich widder zu Hus. Und auch ich muss sagen: »Ja (großer Seufzer), der Dom.« Das Religiöse spielt dabei übrigens keine Rolle. Selbst wenn alle Pfaffen aus Köln vertrieben und der Dom zum großen Wohnheim für Prostituierte in Not umfunktioniert wäre – für die Kölner bliev dr Dom dr Dom. Der Dom bleibt immer der Dom.

Wenn du, Wanderer, dir diese Kathedrale des Größenwahns anschaust, vergiss nie: 600 Jahre Bauzeit! Damit wurde der Dom schon im Mittelalter zum Prototypen für alle Großbaustellen der Neuzeit. Was ist die Kostenexplosion der Hamburger Elbphilharmonie gegen die des Doms: ein Mückenschiss auf der Windschutzscheibe der Baufehlplanungen. Was die Zeitverzögerung des Berliner Flughafens gegen die beim Dom-Bau? Ein Lidschlag in der Geschichte der Großbauprojekte. Der wahre Skandalbau ist der Kölner Dom: Misswirtschaft, Schlamperei, Pfusch, Fehlplanung,

Kostenexplosion – beim Bau des Doms alles vorexerziert. Und wie: Der Dom ist ca. 10.000-mal so teuer geworden wie ursprünglich geplant. In 600 Jahren kommt ja auch einiges zusammen: Inflation, Arbeitskosten, Arbeitnehmerrechte, Menschenrechte. Das gab es alles zu Baubeginn noch gar nicht. Er machte also viel Ärger, der Dom. Der gotische Baustil war irgendwann auch total out, sodass der Dom zwischendurch sogar wieder abgerissen werden sollte. Doch seit der Dom fertig ist, finden ihn die Kölner großartig. Ist er ja auch: das meistbesuchte Gebäude in Deutschland. Ohne Dom käme außerhalb des Karnevals keine Sau nach Köln!

Also, Wanderer, ich brauche dich nicht aufzufordern, den Dom zu besuchen, das machst du eh. Du kannst auch hochklettern auf den Turm und an klaren Tagen bis zur belgisch-holländischen Grenze oder nach Düsseldorf gucken. Doch Vorsicht vor zwielichtigen Typen da oben. Ein Kölner Witz geht so: Zwei Männer stehen auf der Aussichtsplattform auf dem Dom, als ein Tourist dazukommt. Einer der Männer spricht ihn an: »Wetten, ich kann eine Runde über den Domplatz fliegen?« Der Tourist sagt: »Niemals.« Aber der Mann fliegt los, dreht eine Runde und landet wieder neben dem Touristen. »Du kannst das auch. Du musst nur dran glauben. Der Dom verleiht magische Kräfte.« »Wirklich?« fragt der Tourist. »Sicher«, sagt der Mann. »Hier, mein Kollege kann das auch.« Der zweite Mann grummelt: »Muss das sein?« Der Erste: »Mach schon!« Der zweite Mann dreht auch eine Runde und landet wieder auf der Plattform.« »Und?«, fragt der erste den Touristen. »Traust du dich?« Der Tourist lächelt verzückt und sagt: »Wenn ich das meinen Kumpels erzähle...« Er steigt auf die Balustrade, springt und stürzt ab. Der erste Mann lacht sich kaputt, der zweite schüttelt den Kopf und sagt: »Für einen Engel bist du echt fies.« So einzigartig der Dom für den Kölner auch ist, dem Amerikaner ist das wurscht. Ich kam einst per Flugzeug nach Köln und saß neben einem amerikanischen Touristen, der einen »Europe in 10 days«-Trip machte. Beim Landeanflug sah man den Dom durchs Flugzeugfenster und ich wies den Amerikaner darauf hin: »Look, the cathedral.« Er, offenbar nicht wissend, in welchem Teil Europas er grade war: »Which cathedral?« Darauf ich: »The Cathedral of St. Peter in Rome.« Er: »Oh, amazing. I thought, it's a round dome.«

Die größte Gefahr für den Dom stellen übrigens die Ausscheidungen von Tauben und Menschen dar. Tauben kacken auf den und Menschen pissen an den Dom. Letztere haben gar einen eigenen Namen: die Dompinkler. Immer wieder berichtet die vielseitige Presse Kölns von Dompinklern, deren Urin nicht nur für unangenehme Gerüche rund um das Weltkulturerbe sorgt. Also, wenn du in Köln bist und willst dir eine Erinnerung mit dem Dom schaffen, entzünde lieber eine Kerze im Dom und denk an etwas Schönes, als dass du von außen an die Wand pinkelst, das ist nämlich asozial, so etwas machen nur Fans von Borussia Mönchengladbach!

Der Dom ist übrigens die ideale Kulisse für Protest. Wenn du, Wanderer, eine Aktion planst, um auf dein Anliegen aufmerksam zu machen, etwa die Rettung der vom Aussterben bedrohten Steuerhinterzieher, dann bietet der Dom eine beeindruckende Hintergrundkulisse. Und der WDR mit seinen vielen Kamerateams, die sowieso den ganzen Tag in der Fußgängerzone rumlungern, um Passanten nach ihrer Meinung zu aktuellen Themen zu befragen, ist auch gleich um die Ecke. Noch besser ist die riesige Treppe geeignet, die vom Hauptbahnhof hoch zum Plateau Richtung Hohe Straße führt. Eine perfekte Bühne für politische Aktivisten wie für Selbstdarsteller aller Art. Und auch dieses Phänomen soll hier nicht verschwiegen werden: der kölsche Sex-Tourismus.Da der Kölner Dom die meisten Touristen in ganz Deutschland anzieht, denkt sich manch Kölner Schlingel: Warum weit verreisen, wenn die Leute doch zu uns kommen. Und so ist schon manch flüchtiges Abenteuer zustande gekommen zwischen Kölner*Innen und Chines*Innen, Kölner*Innen und Japaner*Innen, Kölner*Innen und Italiener*Innen usw. usf. Natürlich gibt es elegantere Methoden der Anbandelei, aber ich habe tatsächlich einmal gehört, wie vor dem Hauptportal des Doms ein blasser Eingeborener eine fernöstliche Schönheit ansprach mit den Worten: »Do you want to have sex with an aborigine?« Woraufhin sie antwortete: »Oh my God, we are in Australia?«

Der folgende Text entfaltet seine Schönheit übrigens erst, wenn er laut vorgetragen wird. Lies ihn, Wanderer, im Hotel deiner Liebsten vor, auf der Studentenparty den Erstsemestern, in der Kneipe den Freunden, im Lesesalon den Freundinnen, mach einen Poetry-Slam mit Kölner und Nicht-Kölner Freunden daraus. Trinkt Kölsch dazu und lest ihn danach noch mal.

Ode an den Kölner Dom

Dom

Oh Dom

Oh du Dom

Oh du mein Dom

Der Dom

Die Dom

Das Dom

Der Dom?

Der Dom.

Der Dom!

Ah, der Dom …

Oh, der Dom

Ei, der Dom

Ai Weiwei, der Dom

Der Dom, der Dom,
Der Dom, der Dom, der Dom

Oh, der Dom

Ja, der Dom

Der Kölner Dom

Geht es hier lang zum Dom?

Alle Wege führen zum Dom

Nein, der Dom

Wow, der Dom

Du Dom, du

Wir treffen uns um Mitternacht
am Südportal des Doms

Komm wir gehen das
Richter-Fenster gucken im Dom

Lass uns eine Kerze anzünden
im Dom

Der Dom im Mondschein

Lass uns den Domschatz klauen.
Kann doch nicht so schwer sein

Die Dom-Wachen.

The Cathedral of Cologne

Der Düsseldorfer Dom –
wo ist der Fehler?

Mein Dom

Dein Dom

Sein Dom

Usedom

Unser Dom

Der Dom ist für uns alle da

Der Dom

The Dome

Dom, Dom, Dom, Dom,

Dom, Dom, Dom, Dom

#Silvesternacht am Kölner Dom

Die Glocken des Doms

Die Türme des Doms

Die Bauzeit des Doms

Die Schönheit des Doms

Die Tauben des Doms

Die Bettler am Dom

Die Wildpinkler am Dom

Domplatte

Taschendiebe, Straßenmaler,
Musikanten

Die Dom-Spatzen

Japaner und Chinesen knipsen
den Dom

Die Wanderhure im Schatten
des Doms

Der Klöckner vom Kölner Dom

Wenn der Domprobst
zweimal klingelt

Der Dom

Der Dom

Home is, where the Dom is

Der Dom

Der Dom

Ja, der Dom

Der Dom

Der Dom am Rhein

Der Rhein am Dom

Der Rhein

Der Dom

Kölle

FC

Dom

Rhein

Der Kölner Dom

Alaaf!

Hier vom Autor gelesen:

Ist Köln katholisch?

> »Wenn et Bedde sich lohne däät,
> wat meinste wohl, wat ich dann bedde däät.«
>
> *(BAP, Kölner Casting-Boygroup)*

Hey Alter, trägt der Papst Frauenkleider?

Köln ist so katholisch wie es eine ehemals römische Stadt nur sein kann. In der Antike durfte noch jeder glauben, was er wollte. Sogar an Steine, solange er damit nicht auf Andersgläubige warf. So auch in Köln. Bis die Christen kamen und sagten: »Nur noch unser Gott, basta!« Schon ging der Ärger los und hört bis heute nicht auf.

Rheinische Eigenarten, Nr. 173

Es gab den real existierenden Sozialismus in Osteuropa und es gibt den Socialismo Tropical auf Kuba. Das »Tropical« drückt aus, dass Kultur und Lebensweise der Kubaner stärker sind als das Dogma des Systems. Ob das stimmt, mag der Kuba-Reisende selbst herausfinden. Jedenfalls gibt es nicht viele Regionen auf der Welt, denen diese Kraft zur Dominanz über dogmatische Systeme zugesprochen wird. Das Rheinland ist aber, wie Kuba, eine davon. Es gibt z. B. den rheinischen Katholizismus oder auch den rheinischen Kapitalismus. Das »Rheinische« meint eine gewisse Unschärfe, mit der man den Dogmatismus des jeweiligen -mus aushebelt, um ihn pragmatischer und lebensfreundlicher zu gestalten. Anders gesagt: Man hat einfach alles nicht so ernst genommen. Insofern ist der rheinische dem karibischen Lebensstil nicht ganz unverwandt. Vielleicht kommt irgendwann ja auch der rheinische Sozialismus. Obwohl: Dagegen stehen die Kölner Beamten, die schon immer im real existierenden Bürokratismus leben, nach dem Motto: »Dat han mer schon immer su jemaht. Dat han mer noch nie su jemaht. Do künnt jo jeder kumme.« (»Das haben wir schon immer so gemacht. Das haben wir noch nie so gemacht. Da könnte ja jeder kommen.«)

Du siehst, Wanderer: Nicht nur Fortschritt und Reformen brachten die Fremden mit nach Köln. Mit der katholischen Kirche kamen eben auch Joch und Unterdrückung. Von Rom aus breitete sich die erste Mafia der Weltgeschichte ins gesamte Reich aus und begann mit ihrem genialen Geschäftsmodell: Angst verbreiten (Hölle, Hölle, Hölle!), Schutzgeld kassieren (Ablasshandel, später: Kirchensteuer), leere Versprechungen machen (Paradies!).

Jahrhundertelang hatte die katholische Kirche das Monopol auf Seelenheil und Jenseits, daraus erwuchs der erste globale und zugleich größte Konzern der Menschheitsgeschichte, dessen Geschäftsmodell im Kern bis heute unverändert geblieben ist. Dagegen wirkt selbst Apple wie ein mickriges Start-up mit ungewisser Zukunft. Der Kölner Pate – genannt: Bischof – (ab dem 8. Jahrhundert Erzbischof) wollte nicht nur sein ausschweifendes Leben auf Kosten der Allgemeinheit genießen, sondern wurde auch zum weltlichen Machtfaktor. Es entwickelte sich ein ständiger Kampf der Kölner Stadtspitze gegen den Erzbischof. Jeder wollte schließlich die »eleganteste Braut Christi nach Rom« (Karl der Große über Köln) als Beute unter seinesgleichen aufteilen. Dabei war das Amt des Erzbischofs über Jahrhunderte von einem Mitglied des Hochadels bekleidet, der über seine blaublütigen Inzucht-Familienbande wiederum gut vernetzt mit den europäischen Herrscherhäusern war und dadurch den Handel in Schwung brachte. Andersherum war das Amt des Kölner Erzbischofs eines der höchsten sakralen Ämter im Reiche und verlieh dem jeweiligen Amtsträger Macht und Einfluss bis hin zur Mitwahl des Kaisers.

Das Kölner Lexikon: Bischof

Der Begriff Bischof stammt aus Köln. Bischof stand ursprünglich für bisexuelles Schaf, wobei Schof dann durch die zweite Lautverschiebung zu neuhochdeutsch Schaf wurde. Deshalb heißt der Papst auch Oberhirte und die gläubigen Opfer der Bischöfe Lämmer.

Gut, die katholische Kirche brachte der Stadt viele Kirchen, die heute zu den Touristenattraktionen der Stadt zählen: Kunstgeschichtsinteressierte ebenso wie Gläubige pilgern mehr noch als zum Dom zu den romanischen Kirchen, die teilweise auf den Ruinen römischer Tempel erbaut wurden. St. Maria im Kapitol –

Globetrotter aller Länder – fotografiert euch!

nomen est omen. Groß St. Martin in der Altstadt wurde auf einer römischen Sportschule nebst Freibad errichtet. Im Mittelalter war Köln berühmt für seine Skyline als »Stadt der Kirchen«. Daraus entstand wiederum das Geschäftsmodell »Reliquienverkauf«, welches aus unbedeutenden Gegenständen wertvolle Markenartikel machte. In Köln reichte die Palette von Stoffteilen der Umstandskleider Marias bis hin zu Brotresten von der Speisung der 5000 – Marketing ist eben alles.

Man benötigte nur eine gute Story zum Produkt, um Käufer anzulocken. In Köln ersannen findige Geschäftsleute die Legende von der heiligen Ursula und den 10.000 Jungfrauen. In der Urfassung der Geschichte waren es nur 10 Jungfrauen, aber die Überreste so weniger Jungfrauen waren natürlich schnell ausverkauft. Also machten die kreativen Kölner 10.000 draus, da war quasi jedes Knöchelchen und jeder Stofffetzen glaubwürdig ein »Original«

von einer der Jungfrauen. Später kamen noch die Gebeine der Heiligen Drei Könige nach Köln in den Dom, die von Erzbischof Rainald von Dassel 1164 aus Mailand geraubt und nach Köln gebracht wurden, um weitere pilgernde Touristen in die Stadt zu locken.

Home is where the Dom is

Der Häretiker in mir fragt natürlich: die Heiligen Drei Könige? Wie kamen die denn nach Mailand? Die sind doch nicht zusammen gestorben? Weder gleichzeitig noch am selben Ort – wollt ihr mich verarschen? Aber mit solchen Fragen hielt sich die Inquisition nicht lange auf, denn eine andere Erfindung der katholischen Kirche machte diese Fragen schlicht überflüssig: der Scheiterhaufen. Die Kölner entwickelten einen sehr pragmatischen Umgang mit dem Übel: Man war katholisch, nahm die Sache aber nicht

Auch sie waren einst in Köln und hinterließen Spuren

sonderlich ernst. Was Sünde war, wurde weggebeichtet, fertig. Doch meist waren ja nicht die Leute gegen die Kirche übergriffig, sondern umgekehrt. Deshalb hat es immer wieder geknallt, und das zählt zu den wenigen ruhmreichen Ausnahmen in der Geschichte der Stadt, in denen die Bewohner ihre Trägheit überwanden und ihr Schicksal in die eigene Hand nahmen.

Eine große Heldentat haben die Kölner im Jahr 1075 geschafft, als sie Erzbischof Anno II. aus der Stadt vertrieben. Er flüchtete übrigens durch das »Annoloch« in der alten römischen Stadtmauer, das heute noch in der Tiefgarage unter dem Dom (»Kölsche

Katakomben«) zu besichtigen ist. Das war für die damalige Zeit sehr fortschrittlich. Leider haben sie ihn später wieder reingelassen. 1989 hatten die Kölner die Chance, diese Heldentat zu wiederholen, denn mit dem erzkonservativen Erzbischofsknochen Kardinal Meissner schickte der damals amtierende Polenpapst einen Bischof in die Stadt, den kein Mensch mochte, nicht einmal er sich selber. Trotzdem schaffte er es einmal auf die Titelseite des Kölner Stadtanzünders: im FC-Trikot. Das war für viele Gläubige, die an den FC glaubten, ein Zeichen: der Leibhaftige in ihrem Trikot! Kurz darauf stieg der 1. FC Köln in die zweite Liga ab und es sollte viele Jahre dauern, bis ein Österreicher namens Stöger als Retter für den darbenden Fußballclub ins Rheinland kam. Wieder kam der Fortschritt also von außen und der Fußballgott sah, dass es gut war. Alaaf!

Berühmt ist auch die Schlacht von Worringen, als die Kölner den Erzbischof nördlich der Stadt besiegten. Eine Folge: Die Kölner Bürger hatten von nun an die Macht über ihre eigene Stadt. Eine andere Folge der Schlacht, deren Folgen wiederum damals nicht kalkulierbar waren: Düsseldorf bekam die Stadtrechte. Weil die Kölner den Erzbischof besiegten! Dennoch ist das Erzbistum Köln heute das zweitreichste der Welt, vermögender selbst als der Vatikan. Größter Immobilienbesitzer und zweitgrößter Arbeitgeber der Region. Kita-, Schul- und Krankenhausbetreiber. Und der Erzbischof bekommt sein Gehalt vom Staat bezahlt! Neben der Kirchensteuer! Die Geschichte ist also noch lange nicht zu Ende.

Tipp Worringen

Wenn du, Wanderer, dir das Schlachtfeld bei Worringen erwandern willst, sei dir die Einkehr ins Hotel Mattheisen (In der Lohn 47, 50769 Köln-Worringen) empfohlen. Es gibt sehr gute regionale Küche und montag-abends auch häufig Kleinkunst: Alle Großen der Region feiern hier gern Vorpremiere ihrer Programme.

Das Muster-Veedel –
willkommen in Beverly Sülz

»Och, wat wor dat früher doch so schön
ens en Colonia.«

(Willy Ostermann, Kölner Liedermacher)

Der Kölner lebt zwar in der Großstadt, aber eigentlich kommt er vom Dorf. Das Dorf heißt Veedel, also Viertel. Dies verlässt der Kölner nur, wenn er muss. Sülz ist das beste Beispiel dafür, dass der Kölner ohne die anderen Kölner prima klarkommt. Jeder kennt jeden, und man hat hier alles, was man braucht. Gleichzeitig leben in Sülz vorwiegend Leute, die nicht als provinziell gelten wollen, sondern genauso gut in Berlin leben könnten. Auch das ist typisch kölsch: Jeder hier hält sich für kosmopolitisch, aber hinterm eigenen Veedel fängt die unbekannte, fremde Welt an.

Fährt der Immi die Zülpicher Straße durchs Kwartier Lateng stadtauswärts, beginnt gleich hinter der Uni der Stadtteil Sülz: das drittgrößte, aber ohne Zweifel das schönste, ursprünglichste und zugleich gentrifizierteste, lebendigste, beliebteste – kurz: kölscheste – Veedel von ganz Köln: Sülz. Abgesehen von den 85 anderen Veedeln, über die man dasselbe sagen könnte. (Ausnahme: das an Sülz grenzende Lindenthal. Dort leben nur reiche Pensionäre in Villen am Stadtwald, eine Düsseldorf-Enklave in Köln.) In Sülz aber ist die Welt noch in Ordnung: Die Luft ist sauber, Alleen ziehen sich durchs Veedel bis hin zum Beethovenpark, dahinter bietet der Decksteiner Weiher die perfekte Kulisse für romantische Spaziergänge zwischen der A 4, dem Trainingsgelände des FC und dem Militärring (Insider-Tipp: Ohropax einpacken!). In Sülz koexistiert friedlich alteingesessener kölscher Assi-Adel mit zugezogenen Unternehmensberatern und Fernsehredakteuren. Und die Studenten der nahegelegenen Uni halten das Veedel jung und attraktiv – herzlich willkommen in Beverly Sülz! Statt des IKEA-Katalogs findet man hier jährlich den neuen von Manufactum im Briefkasten. Und statt Dönerbuden gibt es in der Palanterstraße die teuersten Pommes der Stadt bei »Bonnes Frites«, wobei man fairerweise sagen muss, dass eine Straße weiter ein aus den 80er-Jahren des 20. Jahrhunderts übrig gebliebener »Gyros bei Spyros« die besseren Pommes für halb so teuer verkauft.

Tagesmütter, Großmütter oder einfach sehr spät gebärende Mütter?

Auf der Boheme-Meile Weyertal befinden sich die schönsten Cafés des Veedels, das »Krümel«, das »43«, das »Kafé Local« und hinterm Spielplatz versteckt das »Mischmasch«, in dem der Autor drei Jahre umsonst speisen darf, wenn er es an dieser Stelle wohlwollend erwähnt. Hier gibt es alles, was der Mittelschichts-Bohemien begehrt, wenn er nach getanem Tagwerk in der Mittagssonne sitzt und sich zu französischen Chansons mit Rhabarbersaftschorle den Kapitalismus schöntrinkt. Was macht den besonderen Charakter von Sülz aus? – Hier leben praktisch nur glückliche Menschen! Sie befinden sich in einem ständigen Wettstreit des Noch-glücklicher-Werdens. Was wäre die Welt für ein Ort, wenn alle Menschen so wären wie die in Sülz, die erkannt haben, dass das Glück nie von Dauer ist und man deshalb ständig daran arbeiten muss? Das geht hier rund um die Apple-Watch und natürlich bei den Kindern los. Die Kinderwagen sind allesamt Nebenprodukte der Raumfahrt mit eingebautem GPS-Navi. Hier gibt es nicht nur tolle Kitas mit superengagierten Erzieherinnen, sondern auch einen Waldkindergarten (Waldorf kann jeder, aber Wald?). Und auch an den besten Freund des Menschen wurde gedacht: Es gab eine Zeit lang sogar eine Huta – eine Hundetagesstätte, in der hochbegabte Mittelschichtshunde in Fremdsprachenbellkursen Chinesisch für Pekinesen lernen konnten.

Außerdem gibt es hier die meisten Spielplätze pro Quadratkilometer – die auch noch richtig gut in Schuss sind, weil die tollen, engagierten Latte-Macchiato-Mütter der Stadtverwaltung einfach viel mehr Druck machen als zum Beispiel die Eltern von Köln-Kalk. In der Schule ist man mit den Lehrern per Du, geht mit ihnen ins Fitness-Studio, ins Restaurant und bezahlt ihnen den gemeinsam verbrachten Urlaub.

Damit auch die Mutter stets vor innerem Glück strahlt, verfügt das Bionade-Ghetto nicht nur über die meisten Osteopathen, sondern auch über die meisten Psychotherapeuten pro Einwohner. Übrigens: Kinder, die hier nicht in Therapie sind, gelten als Beweis dafür, dass die Eltern sich nicht genug kümmern.

Und Sülz verfügt über die gefühlt größte Yoga-Instituts-Dichte der Stadt, wenn nicht sogar der Welt! Das heißt, hier gehen die Menschen nicht nur zum Yoga-Konsum, hier lassen sich die meisten gleich zum Power-Yoga-Lehrer nach McKinsey ausbilden. Beziehungsweise Lehrerin: Weil es meistens sich selbst optimierende Frauen sind, die sagen: »Wenn ich schon Yoga mache, kann ich mich auch gleich zur Lehrerin ausbilden lassen, dann hab ich eine weitere Zusatzquali.« Im Sommer gibt es gleich neben dem

Muttermilch heißt in Sülz übrigens »Latte Mammiato«

Biergarten am Aachener Weiher sogar Public-Open-Air-Massen-Yoga-Events zu heißen Techno-Rhythmen und Vortänzerinnen im Stringtanga. Daneben sitzt der Alteingesessene im Biergarten und sagt mit genießerischem Blick auf die Frauenkörper, die grade den Fliegenden Adler machen: »Die un isch, wir wolln datselbe: Tschillen im Hier un Jetzt. Isch sach immer: 10 Kölsch – und du hast et.«

Auf der Sülzburgstraße – die Einkaufsmeile der Boomtown Sülz – gibt es eine Kochschule für die vielen Menschen mit hypermoderner High-End-Küche in der sanierten Altbauwohnung, die nun lernen müssen, wie man die einzelnen Kochfelder per PIN und TAN bedient. Dazu passend dekoriert die gegenüberliegende Filiale der Mayer'schen Buchhandlung ihre Schaufenster ausschließlich mit Kochbüchern. Für Fortgeschrittene gibt's ums Eck auf der Berrenrather »Zimt & Rosen«, wo Gewürz-Seminare angeboten werden.

Aufmerksame Leser merken schon: Der Sülzer ist weniger Bourgeois, mehr Citoyen, und legt größten Wert auf Lebensqualität. Nachdem der älteste Bioladen Kölns, der wirklich »Was die Bäume sagen« hieß, geschlossen hatte (weil der Gründer lieber wieder als Lehrer nicht arbeiten wollte), eröffneten gleich zwei neue. Selbst eingefleischte vegane Hobby-Köchinnen kaufen hier bestes, artgerecht totgestreicheltes Biofleisch, um daraus 3-Gänge-Menüs für ihre lieben Kätzchen daheim zu kochen: Ratten-Ratatouille, Mango-Maus-Mousse oder Bio-Entenküken an karamellisiertem Cappuccino-Milchschaum. Und in die historischen Mauern des alten Bioladens zog »Der Andere Buchladen«.

Literatur to go – Kölner Buchläden

Was wäre das schönste Boheme-Veedel ohne Buchhandlungen? Der Latte Macchiato schmeckt ohne gutes Buch dazu gleich viel sinnentleerter. In Köln gibt es trotz der vielen Fernsehsender immer noch jede Menge toller Buchläden. Sie haben ganz viel Literatur vorrätig. Die man sofort mitnehmen kann! Und: Alle Bücher, die nicht da sind, werden sofort bestellt und schon am nächsten Morgen sind sie da. Wer vermisst da Amazon Prime? So gibt es auch viele schöne Läden im Uni-Veedel Sülz. Nicht die besseren Bücher, aber eine interessante Geschichte hat z. B. der »Andere Buchladen«: Bereits in den 60er Jahren als Kollektiv gegründet, gilt er bis heute als Asyl für schwer vermittelbare Bücher, Mitarbeiter, Lesungen und Kunden – und ist so ein interessanter Teil der Sülzer Veedels-Historie.

Sülz ist das Prenzlauer Berg von Köln, wenn auch alles eine Nummer kleiner ist als in Berlin. Nur bei der Geburtenrate liegen beide Stadtteile gleich auf: Je nach Saison ist mal Prenzlauer Berg, mal Sülz der Bezirk mit der höchsten Geburtenrate ganz Deutschlands. Liegt der Bundesdurchschnitt pro Frau bei 1,2 Kindern und bei Akademikerinnen sogar bei 0,9 Kindern, beträgt er hier 3,3 Kinder pro Akademikerin (die Nichtakademikerin kommt wegen der hohen Mieten in Sülz praktisch nicht mehr vor, s. u.). Da in Köln insgesamt auch nicht mehr Kinder geboren werden als anderswo, gibt es nur eine Erklärung: Wenn in Köln eine Frau schwanger wird, sagt sie zu ihrem Mann: »Wir ziehn nach Sülz!« Also, liebe Alleinreisende: In Sülz wird nicht mehr gepoppt als anderswo, sondern nur mehr Nest gebaut. Und wenn der Pilates-Prinzessinnen-Nachwuchs dann schlüpft, hat Sülz wieder ein hochbegabtes Wunderkind mehr. Rund um die Spielplätze haben in den letzten Jahren zahlreiche Cafés eröffnet, die nicht nur »Kaffee zum Gehen« anbieten, sondern auch »Alete-to-go in 17 verschiedenen Geschmacksrichtungen«, Apfel-Schnitzelchen und Wegwerf-Windeln.

Schaut der unbedarfte Touri auf seiner Tour de Cologne durch dieses Veedel der Glückseligen, mag er zunächst irritiert sein. Die Mütter und auch die Tagesmütter sehen meist aus wie woanders Großmütter: zwar meistens schlank und im Sommer durchaus bauchfreie Tops über dem gepiercten Nabel tragend, sind sie dennoch in einem Alter, in dem man bzw. frau über eine Mitgliedschaft bei den Grauen Panthern zumindest schon mal nachdenken darf. Der Gedanke liegt nahe: Die Frauen in Sülz sind so ehrgeizig, dass sie gleichzeitig Kindergeld und Rente beziehen wollen.

Jedes Kind hier ist ein Projekt und trägt wundervolle Namen, wobei die Frage ist, ob hier einem Trend vom Prenzlauer Berg gefolgt wird oder ob hier der Trend gesetzt wird: Die Kinder haben nicht mehr einen Rufnamen, sondern zwei – weil man es sich eben leisten kann! Und zwar nicht Kevin-Fernando oder Marvin-Justin wie in Köln-Porz, sondern Titus-Aurelius oder Julian-Johannes bei den Jungs. (Vorsicht, liebe Eltern! Daraus machen die Pubertierenden später Jay-Jay oder Jo-Jo, das klingt dann nicht mehr elitär!) Bei den Mädchen nicht Shakira-Chantal oder Samantha-Inge, sondern Chiara-Judika oder Cosima-Karuna. Kürzlich war auf einem Spielplatz gar zu hören: »Maria-Sophie-Alexandra, hör sofort auf, dem Adrian-Leon-Philipp mit der Schippe auf den Kopf zu hauen! Wenn du das noch 22-mal machst, werde ich aber wirklich böse.«

Urban Gardening vs. Hundekackpark

Dieses Kapitel
gelesen von Robert Griess

»Wer soll das bezahlen?
Wer hat so viel Geld?«

(Jupp Schmitz, kölscher Barde)

Würde man eine Umfrage unter allen 7,8 Milliarden Erdbewohnern machen, wo sie am liebsten leben möchten, »Köln-Sülz« ist die richtige Antwort! Nur haben die meisten Menschen keine Ahnung von diesem Veedel. Was gut ist, denn die meisten Menschen könnten es sich eh nicht leisten, hier zu leben. Sülz ist total gentrifiziert. Klingt wie eine Seuche, ist es auch. Beispiel Palanterstraße. In den 20er-Jahren war dies noch ein Arbeiterviertel und eine Hochburg der Kommunisten. Auf dem angrenzenden De-Noel-Platz fanden in den 30ern Straßenschlachten zwischen Gestapo und Kommunisten statt. Nach dem Krieg herrschte in der Palanterstraße das Rotlichtmilieu. Der in Köln bis heute weltberühmte Boxer Müllers Aap lebte hier. Von ihm stammt das später in den Medien dem Fußballer George Best zugeschriebene Zitat im Original un op Kölsch: »Ich han vill Geld für Suffe, Wiever un Schlitten ussjejeve. Dä Ress han ich verprass.«

Stets war die Palanter eine Straße der Arbeiter und Kleinbürger. Dann passierte, was in allen hippen Vierteln passierte: Zuerst kamen die Studenten und Künstler, weil es hier noch billigen Wohnraum gab. Dann kamen die Manager und Unternehmensberater, weil sie die Atmosphäre mit den Künstlern und Studenten so cool fanden. Wo früher 16 Sozialwohnungen in einem Haus waren, werden Wände eingerissen und Erlebnis-Boutiquen mit Kletterwand eröffnet. Wo früher die Eckkneipe »Bei mir« war, befindet sich nun das Edelrestaurant »Steppenstern« mit Spezialitäten aus dem Nordkaukasus. Und in die Erdgeschoss-Läden der Schuster und in die Eisenwaren-Läden sind inzwischen

Thai-Massage-Shops (»Entspannung für Großstädter sofort!«) gezogen. Man muss sich das Paradies leisten können. Die hier wohnen, zahlen gerne jeden verrückten Preis, weil es ein großer Teil ihres Glücks ist, zu zeigen: »Ich kann's mir leisten.« Die Mieten in Sülz liegen inzwischen bei locker 14 Euro pro Quadratmeter, und die Finanzkrise hat auch hier den Immobilien-Boom befeuert und die Preise explodieren lassen. 4000–6000 Euro pro Quadratmeter zahlt man locker für eine ganz normale, sanierungsbedürftige Wohnung mit super Verkehrsanschluss an Straßenbahn und Autobahnzubringer.

Um der Gentrifizierung Einhalt zu gebieten, diskutiert die Bezirksversammlung seit einiger Zeit Gegenmaßnahmen: Man nimmt zur Kenntnis, dass sich das Veedel in den letzten 20 Jahren grundlegend verändert hat, aber in Zukunft soll bitte schön alles so bleiben, wie es jetzt ist.

Manche Hausbesitzer hätten am liebsten, man bliebe unter sich: Der Verkauf von Wohnungen soll nur noch erlaubt werden, wenn der Quadratmeterpreis mindestens 6500 Euro beträgt. Vermietet werden darf dann nur noch an Akademiker in Führungspositionen, wobei es eine Quote für Handwerker geben soll, bei deren Mietverträgen gleich die Notdienst-Servicezeiten mit geregelt werden sollen. Schließlich muss die Grundversorgung bei Rohrbrüchen etc. auch am Wochenende gesichert sein.

Nicht allen jedoch gefällt das. Die paar Alteingesessene, die schon hier wohnten, als die jetzige herrschende Klasse von Sülz noch kinderlos in ihren Studentenbuden Lambrusco aus der 1,5-Liter-Flasche trank, gehen am Wochenende oft zum organisierten »Makler-Ärgern«. Sie sind bei Erben wie Wohnungsverkäufern gleichermaßen gefürchtet. Meist läuft es so ab: Als interessierter Käufer getarnt, stellt sich ein Mann, nennen

Asozialer Wohnungsbau: Auch Reiche müssen irgendwo schlafen

wir ihn der Einfachheit halber Herr Stapper, beim Besichtigungstermin in die Mitte des Wohnzimmers des zu verkaufenden Objekts und gibt Allgemeinplätze von sich: »Hier muss ja doch noch einiges getan werden.« Oder beim Anblick von Holzbalken: »Wenn do mol nit dä Wurm drin es.« Das aber garniert mit diesem typischen Handwerkernicken beim Erstellen eines Kostenvoranschlags nach dem Motto: »Das wird teuer!«, bei dem jedes einzelne Nicken mindestens 50 Euro mehr in der Kalkulation bedeutet. Die Aufmerksamkeit ist ihm gewiss, da die reichen Erben

Notunterkünfte für Erben, Unternehmensberater und Schönheitschirurgen

zwar immer 100.000 Euro Vorsprung haben, welche man durch ehrliche Arbeit einfach nicht aufholen kann, jedoch keine Ahnung von Baumängeln und Renovierungsbedarf, da sie selbst nie einer handwerklichen Tätigkeit auch nur nahe gekommen sind.

Dann starrt der Provokateur auf einen Punkt an der Wand und sagt: »Wie die den Blutfleck hier an der Wand weggekriegt haben, saubere Arbeit... man sieht ja nichts.« Im Nu bildet sich eine Traube Interessierter um ihn: »Wie, Blutfleck?« – »Han se nit jelese? Stand doch im EXPRESS. Hier hat sich doch ein Schwulenpärchen gegenseitig massakriert. Der eine hat vom andern die Eier gegessen, hart gekocht, leck misch en de Täsch ...« Ungläubiges Staunen, erste Anzeichen von Unruhe und Empörung aufgrund schlechten Karmas. Schwangere legen schützend ihre Hände auf den Bauch, um dem Ungeborenen die Ohren zuzuhalten. Doch unser Ur-Kölner legt nach: »Haben Sie sich nicht erkundigt? Sie stehen vor der größten Geldausgabe Ihres Lebens und haben sich nicht erkundigt? Ich habe mich in der Nachbarschaft umgehört. Vor 12 Jahren hat sich hier schon mal ein altes Ehepaar umgebracht. Also ich bin ja nicht abergläubisch, aber wenn hier kein schlechtes Nasi Goreng drin ist, dann weiß isch et och nit.« Irgendwann merkt auch der dümmste Makler, dass da etwas suboptimal läuft, und erklärt: »Dies ist eine der begehrtesten Lagen Kölns!« – »Für Riesling oder für Grauburgunder?«, fragt der Pseudo-Kunde. »Alles gutbürgerlich«, versucht der Makler mit letzter Kraft, Haltung zu bewahren. »Und die Jungs da draußen sind reiner Zufall?« – »Welche Jungs?« Der Pseudo-Kunde öffnet das Fenster, und tatsächlich: Auf dem Begrenzungsmäuerchen gegenüber sitzen drei junge Männer mit Bierflaschen in der Hand. Der Pseudo-Kunde ruft: »Hey, ihr da unge, ist dat he en aanständije Gegend?«

Die Männer gucken hoch und rufen im Chor: »Schnauze, du Wichser!« Blitzschnell springen sie auf und jeder holt einen mit Farbe gefüllten Luftballon hinter seinem Rücken hervor und wirft ihn auf das offene Fenster. Innen großes Geschrei und Massenpanik, draußen bauverschönernde Farbkleckse auf dem Hausputz. Die Jungs rufen: »Maklerschweine ab in die Ukraine!«

Dann schneller Abgang des Pseudo-Kunden übers frisch sanierte Schiffsparkett, und anschließend treffen die Männer sich in einer der letzten Eckkneipen von Sülz und feiern ihre Tat als Flashmob gegen die Gentrifizierung.

Ein Zug durch die Gemeinde –

wo ist Köln am kölschesten?

>»Wer nit en Kölle jebore es – in Kölle am Rhing,
dä kann sich jän integriere un liere, ne Kölsche zo sin!
Dä Jesetzjeber he es et Festkomitee
Kriesche un laache kammer jot beim FC.«

(Höhner, kölsche ... du weißt schon, was.)

»86 Veedel – ein Kölsch« lautet der Werbespruch einer Brauerei. Von den meisten Veedeln haben die meisten Kölner noch nie gehört. Wie auch, wenn man den Großteil seines Lebens ausschließlich in seinem eigenen Veedel verbringt. Und 86 – das scheint mir auch für dich, Wanderer, eine ganze Menge. Selbst, wenn du frisch hier wohnst und einige Jahre bleiben willst. Aber du sollst dein Geld ja nicht umsonst ausgegeben haben. In diesem Kapitel unternehmen wir eine kleine Tour de Cologne. Ich empfehle dir nicht 1000 Orte, die du gesehen haben musst. Ich stelle dir lieber die Veedel im Zentrum vor, damit du entscheidest, was du NICHT sehen musst.

Liebespaare, opjepass!

Köln hat die schönste Eisenbahnbrücke der Welt. Sagt zumindest die Deutsche Bahn. Wenn du, Wanderer, über die Hohenzollernbrücke den Rhein überquerend in die Stadt kommst, siehst du, dass die Brücke behängt ist mit Zehntausenden von »Liebesschlössern«. Hier findet das älteste Ritual der Stadt statt: Liebespaare, die gemeinsam Köln besuchen, pilgern zur Brücke, bringen dort ein handelsübliches Vorhängeschloss an und schmeißen die Schlüssel dazu in den Rhein. Nun soll die Beziehung ewig halten bzw. so lange, wie das Schloss an der Brücke hängt. Liebende, opjepass! Einmal im Jahr lässt die Bahn sämtliche Schlösser von der Brücke entfernen, um Platz für neue Schlösser zu schaffen. Die alten werden eingeschmolzen und zu neuen ICE-Lokomotiven weiterverarbeitet. Hier liegt der tiefere Grund, warum es weltweit Weihnachten so viel Streit gibt und Beziehungen in die Brüche gehen!

Posing vor dem weltberühmten »Arschloch von Köln« neben dem Hbf.

Kommst du, Wanderer, aus dem Kölner Hauptbahnhof auf die Domplatte, bist du schon an der ersten Sehenswürdigkeit angelangt. Hier fand die berühmt-berüchtigte Silvesternacht 2015 statt. Die Polizei schaute hilflos dabei zu, als ein vermeintlich arabisch-nordafrikanisch aussehender Mob offenbar massenhaft Handys stahl und Frauen betatschte, was absurderweise weltweite Diskussionen über Merkels Flüchtlingspolitik zur Folge hatte.

Gehst du die Domtreppe hinauf, hast du die Wahl: rechts in die Innenstadt oder nach links und die Altstadt besuchen. Die Hauptstraße der Fußgängerzone ist die Hohe Straße, und die ist sicherlich die hässlichste Fußgängerzone der Welt. Sagen zumindest die Besucher. Nach dem Krieg zu beiden Seiten so eng bebaut, dass nicht einmal Blumenkübel dort Platz finden. Trostlos liegen die

Auslagen in den Fenstern der Ladenketten, die dieselben sind wie in allen andern Fußgängerzonen auch. Hastig drängen sich die Massen aneinander vorbei durch die abgestandene Luft in den Häuserschluchten, um zur Schildergasse zu gelangen, die schon deutlich großzügiger angelegt ist: Hier gibt es Licht, ein bisschen Grün, Straßenmusiker und sogar ein Café mit Tischen draußen. Kaum zu glauben, dass die Hohe Straße schon zu Römerzeiten existiert haben soll. Also, Wanderer, willst du typisches Köln entdecken, wende dich der

Altstadt

zu. Geh einmal um den Dom herum oder auch durch ihn hindurch, dann siehst du vor dir das Römisch-Germanische Museum, und daneben kannst du tatsächlich ein klitzekleines Stückchen (ca. 30 Meter) auf einer bereits von den Römern angelegten Straße flanieren. Von außen lohnt auch ein Blick durch das große Panoramafenster auf das Dionysos-Mosaik, um das herum das Museum gebaut wurde, welches für alle an der Antike Interessierten ein Muss ist. Und für alle Asterix-Fans! 1999 fand in Köln ein G-8-Gipfel mit Bill Clinton (»I did not have a sexual relationship with this woman!«) statt, dessen Höhepunkt ein Festmahl auf ebendiesem Mosaik im Museum war.

Wenn du, Wanderer, von hier aus zur Rheinbrücke oder zum Rheinufer gehst, passierst du das Museum Ludwig mit einer sehr beeindruckenden Sammlung moderner Kunst und gehst dabei über ein weiteres Monument kölscher Bauart: das Dach der Philharmonie, im Stadtplan verzeichnet als Heinrich-Böll-Platz. Nach Fertigstellung der Philharmonie 1986 stellte sich heraus, dass sich die Geräusche von Skatern, Rollkoffern und sogar Damenschuhabsätzen über die Stahlträgerkonstruktion in den darunterliegenden Konzertsaal übertragen, was angeblich am falschen Bodenbelag liegt. Anstatt den richtigen Bodenbelag zu installieren, wird der Platz bei allen Aufführungen von Security-Leuten abgesperrt, was allein im Jahr 2015 angeblich Kosten von etwa 1,6 Millionen Euro verursacht hat. Muss man sich auch erst mal leisten können! Jetzt aber ab in die Altstadt. Hier ist Kölle am kölschesten,

Jeder macht sich lächerlich, so gut er kann. Köln at its best!

so wie et fröher wor! Sagen wir es so: In der Altstadt ist die meiste alte Bausubstanz erhalten, schöne Gemäuer, teils noch aus dem Mittelalter. Darunter wiederum befinden sich Überreste aus der Antike und dem frühen Mittelalter. Ist auch nicht überraschend, heißt ja Altstadt. Die Gassen sind eng, die Fressläden wechseln sich mit Souvenirshops ab, und man trifft garantiert keine Kölner. Hier bekommt man für viel gutes Geld wenig schlechtes Essen. Nach den Bombardierungen im Zweiten Weltkrieg blieb nicht so viel vom alten Köln übrig, weshalb auch Rentner mit Rollator die Altstadt in einer halben Stunde durch haben. Allerdings lohnt für Interessierte ein Besuch der archäologischen Zone in der Nähe des historischen Rathauses, aus der ein Museum mit integriertem jüdischem Museum werden soll. Weil, ein nur jüdisches Museum, das wollten die Katholiken nicht so nah am Dom haben. Bei schönem Wetter kannst du, Wanderer, dich in eines der Cafés auf dem Alten Markt setzen und darüber nachdenken, ob das schon wieder oder immer noch Antisemitismus ist oder wie man das sonst nennen soll.

Stadtführung? – Loss jonn!

Wanderer, hättest du's gewusst? – In Köln leben mehr Türken, als in ganz Deutschland Juden leben. Seit etwa 321 n. Chr. existiert in Köln die älteste jüdische Gemeinde »nördlich der Alpen«. Wenn du, Wanderer, mehr drüber erfahren willst, sei dir eine Führung von Tal Kaizman durch die Geschichte des jüdischen Kölns empfohlen. Sie führt vom Historischen Rathaus nebst archäologischer Ausgrabungsstätte durch die Altstadt zum EL-DE-Haus bis zum ersten Sitz der Zionistischen Weltorganisation, der tatsächlich in Köln war. Termine nach Vereinbarung: tal.kazmain@web.de.

Oder du betrachtest neben vorbeihetzenden Kölnern, die von der U-Bahn-Station Heumarkt zu ihrer Veranstaltung im Kleinkunsttheater Senftöpfchen oder zum Konzert in die Philharmonie wollen, die Plage des letzten Jahrzehnts aus nächster Nähe: Junggesell(inn)enabschiede! Leider ist die Altstadt eine Hochburg dieser modernen Geißel. Doch wenn man anthropologisch betrachtet, was sich Männchen bzw. Weibchen unserer Spezies unter Amüsement in Freiheit vor der Ehe-Knechtschaft vorstellen, kann es sogar wieder Spaß machen.

Innenstadt

Hinter der Fußgängerzone liegt der Neumarkt, ein komplett zugepflasterter Platz, der von einer dreispurigen Straße umfahren wird. Unter dem Pflaster liegt bekanntlich der Strand, hier jedoch nicht. Denn unter dem Neumarkt liegt die U-Bahn-Station. Und obendrauf fahren auch noch Busse und Straßenbahnen. Du siehst,

Wanderer, beim Wiederaufbau nach dem Zweiten Weltkrieg legten die Planer wenig Wert darauf, schöne Orte zum Verweilen im öffentlichen Raum zu schaffen. Vielmehr taten sie alles, um in den Menschen den Wunsch zu wecken, schnell von hier zu verschwinden, egal ob per Bus, Bahn oder mit dem Auto. Das gilt leider für die gesamte Innenstadt. Gehst du vom Neumarkt weiter, gelangst du zum Rudolfplatz, wo die vierspurigen Ringe kreuzen, die die Innenstadt bis zum Rhein umkreisen. Geradeaus befindet sich die Aachener Straße, die sich zur Ausgehmeile für Bergheimer und Siegburger entwickelt hat, und rechter Hand der Aachener gelangst du ins Belgische Viertel. Am Brüsseler Platz haben sich in den letzten Jahren Studenten und anderes junggebliebenes Trinkervolk ein Stück öffentlichen Raums zurückerobert und den Platz zum Open-Air-Treffpunkt in lauen Sommernächten auserkoren. Tatsächlich entstand hier eine einzigartige Atmosphäre, die natürlich die Anwohner ärgert. Klar, sie sind einst wegen des vibrierenden Nachtlebens in dieses Viertel gezogen. Aber inzwischen haben sie die Wohnungen gekauft und müssen morgens früh raus, um ihre gut dotierten Berater- oder Medienjobs anzutreten, damit die Hütten auch abbezahlt werden können. Ausgerechnet die Grünen in der Innenstadt machen sich zur Lobby der Frühvergreisten. Na ja, irgendwie passt es auch wieder. Also, Wanderer, unbedingt mal abends hingehen, Flasche Bier im Kiosk kaufen und sich auf den Platz stellen.

Wenn es dann kühl wird, gibt es hier ganz viele ganz verschiedene Kneipen, Restos und Cafés! Ebenso links der Aachener Straße! In der parallel verlaufenden Richard-Wagner-Straße befindet sich die Großkneipe »Wohngemeinschaft«, die einst als Kollektiv von mehreren Kellnern mit dem Wunsch, sich künftig nur noch selbst auszubeuten, gegründet wurde. In der Lindenstraße gibt es das »Café Central«, einst eine Institution der Boheme bis tief in die Nacht, mit dem dazugehörigen »Chelsea Hotel«. Heute nur noch so lange geöffnet, wie die Boheme auch da ist. Und da verhält es sich so ähnlich wie mit den Bewohnern am Brüsseler Platz. Zweimal links um die Ecke liegt die »Scheinbar«, ein schon jahrzehntelang gut laufender Laden für Leute, die sich gern bei etwas

Hippie Colonia: Sommer der Liebe am Aachener Weiher

lauterer Musik unterhalten. Weiter geht's auf die Roonstraße, wo sich links das Atelier-Theater für Kleinkunst und ein paar Häuser weiter die Kölner Synagoge befinden. Gegenüber auf dem Rathenauplatz ist im Sommer einer der schönsten Biergärten der Stadt zu finden, der von einem Verein der Rathenauplatz-Anwohner betrieben wird. Daneben befindet sich auch der einzige echte Spielplatz der Innenstadt – denn auch das gehört zur Wahrheit: Wäre die Kölner Innenstadt die Welt – die Menschheit wäre vom Aussterben bedroht. Die hier wohnen, basteln lieber an der Karriere, als Kinder zu bekommen. Oder: Wenn sie Kinder bekommen, müssen sie wegziehen, weil die Mieten hier zu hoch sind.

An der Ecke zur Kyffhäuserstraße liegt das »Café Feynsinn«, in dem sich ab und an Medienstars, Redakteure und Prominente mit Fritz-Kola zuprosten und von Kinobesuchern, die hier noch was trinken kommen, souverän ignoriert werden. Schon sind wir im Kwartier Lateng, dem studentischen Ausgehviertel, dessen Zentrum die Zülpicher Straße zwischen Zülpicher Platz und Dasselstraße ist. Hier findet der amüsierwillige Trinker alles, was es zu einer zünftigen Sause braucht: Es reiht sich Kneipe an Restaurant

Direkt am Rathenauplatz: Die Kölner Synagoge

an Imbissbude an Kino an Bar an Club an Café an Gourmettempel, und wer noch mehr Clubs sucht, findet sie auf der Luxemburger Straße. Das »Luxor« ist sowohl Disco als auch Konzertclub, allerdings mit extrem schlechter Luft und noch schlechterer Sicht für Normalwüchsige. Supercool und mein Lieblingsladen schon seit Ende der 80er-/Beginn der 90er-Jahre ist das »Blue Shell«, das bis heute von seinem Gründerpärchen geführt wird. Was damals schon trendy war, ist heute total retro – und der Laden immer noch jeden Besuch wert. Sogar sonntags, wenn unter dem Motto »The word is not enough« einer der besten Poetry Slams Kölns präsentiert wird. Von hier, Wanderer, geht es zum Barbarossaplatz,

Kunst, Vandalismus oder eine Baustelle? In Köln ist alles möglich.

der zwar einen schönen Namen trägt, aber eine einzige laute, verkehrsplanerische Katastrophe ist, sodass du am besten per Straßenbahn in Richtung Chlodwigplatz fährst – schon bist du in der

Südstadt

Kein anderer Stadtteil steht so für das schöne Kölsche und hat sich andererseits in den letzten 40 Jahren so verändert wie die Südstadt. Am Rhein befindet sich das Bürgerhaus Stollwerck, das aus einer glorreich-siegreichen Hausbesetzung hervorging. Aus Hausbesetzern wurden Hausbesitzer, die man heute in den Samba-Trommel- und Pilates-Kursen im Stollwerck beobachten kann. Aus den höheren Stockwerken hast du, Wanderer, einen famosen Blick auf den Rhein und die drei Kranhäuser.

Quadratmeterpreise zwischen 10.000 und 12.000 Euro gelten dort als normal. Dann lieber zurück ins Getümmel der Südstadt – wobei die Quadratmeterpreise hier auch nicht mehr viel niedriger liegen. Aus alternativen WG-Bewohnern wurden Vermieter, aus Kölsch-Rockern Unternehmer und aus Ente-Fahrern SUV-Piloten.

Herr Stapper sagt:

Wat ist dä Ungerschied zwischen einem SUV und 'nem Pavian? Beim Pavian ist et Arschloch außen. Ävver jetz ma ohne Flachs und op Hochdeutsch: Ich gehe einmal die Woche rituell reiche Leute ärgern. Im Bioladen. Ich fahr dann immer mit meinem SUV vor – Hartz IV ist kein Grund, ein schlechtes Auto zu fahren – aber ich hab auf beide Seiten mit Folienbuchstaben geschrieben: »ÖKOMOBIL«. Dann macht et mehr Spaß. Damit fahre ich rückwärts bis an die Schiebeglastür heran, sodass ich im Bewegungsmelder stehe und die Tür schon mal TILT macht und keiner mehr rein oder raus kommt. Und dann setze ich mich auf die Motorhaube und rauche. Dat reicht schon: Die angewiderten Blicke der Ökotrophologinnen mit 5-Tibeter-Diplom und 'ner Umschulung zur anthroposophischen Stillberaterin – besser als 3-D-Kino. Wie die mich angucken, dieser Hass – da saug ich meine Lebensenergie draus.

Die Südstadt ist so lebendig, schön und vital! Und dabei so voller bewusst lebender Menschen: Beim Karnevalsumzug werden fair getradete Bonbons geworfen! Die Restaurants bieten von vegan bis heftig-deftig alles, was der gutsituierte Genussmensch mit sozialem Gewissen begehrt. Man weiß gar nicht, wo man anfangen soll mit dem Aufzählen: Es gibt hier so viele Restaurants, Kneipen und Cafés mit einer je eigenen Atmosphäre ... einfach mal ausprobieren: Ob das »Filos«, »Café Sur« oder »La Patata« – hier kannst du, Wanderer, nicht viel falsch machen. Denn ein Laden, der sich in der Südstadt hält, muss was können, sonst bleibt sofort die Kundschaft weg. Mit dem Volksgarten, dem Römerpark und dem Friedenspark hat das Veedel so viele Picknickwiesen, dass man jeden verstehen kann, der sagt: Einmal Südstadt, immer Südstadt.

Zumal die Südstadt auch schön ist im Sinne von: schön. Hier gibt es noch ganze Straßen mit Altbauhäusern aus der Gründerzeit, die in echten Alleen stehen. In Heidelberg mag das ja normal sein, aber in Köln?

Einst besetzt, heute Bürgerhaus: das Stollwerck (im Hintergrund ein Kranhaus)

Und die Kultur: Der Südstädter muss sein Veedel quasi nie verlassen, denn er findet ja alles vor der eigenen Haustür: Konzerte, Theater und Kleinkunst, und das jeden Abend. Ob im erwähnten Stollwerck, der Comedia in der Vondelstraße oder der auch als Kulturkirche genutzten Lutherkirche, ob im Freien Werkstatt-Theater oder im Theater am Sachsenring – wem hier langweilig wird, dem ist nicht zu helfen. Hier kannst du, Wanderer, wirklich viel Zeit verbringen, wenn nicht ein ganzes Leben.

Der Preis für ein Leben in der Südstadt ist die Monokultur. Man muss es mögen, auf dem Wochenmarkt nur seinesgleichen zu treffen. Die einen nennen es Heimat, die andern langweilig. Wer nicht gutverdienender Akademiker ist oder reich geerbt hat, kann sich die Südstadt kaum leisten. Aber was interessiert das die Akademiker und Gutverdienenden, die es sich leisten können? Verlässt du,

Wanderer, die Südstadt durch den Volksgarten und bewegst dich auf dem Höninger Weg nördlich vorbei am Südstadion, in dem die Fortuna ihre Heimspiele austrägt, kommst du nach

Zollstock

Ein solider, etwas langweiliger Stadtteil, dessen Bewohner davon schwärmen, dass die Bewohner bodenständig geblieben sind, es hier unaufgeregt zur Sache geht und vor allem die Mieten noch bezahlbar sind. Bemerkenswert ist der Südfriedhof, auf dem nicht nur Tote ihre letzte Ruhe finden, sondern auch naherholungsbedürftige Stadtbewohner beim Spaziergang. Wenn sie wieder herausfinden aus dem Labyrinth, gelangen sie über den Gottesweg nach

Klettenberg

das mit der Siebengebirgsallee eine der schönsten Straßen Kölns sein Eigen nennen darf. Einst als Arbeiterstadtteil tituliert, ist Klettenberg heute eine Lehrer- und Redakteurs-Hochburg. Deshalb gibt es hier auch noch Läden, die woanders schon zumachen mussten: Gleich fünf Metzger erbrachte eine grobe Schätzung. Im benachbarten Sülz gibt es keinen einzigen mehr. Erwähnt sei auch das Weisshaus-Kino, das noch einen etwas ranzigen 50er-Jahre-Charme ausstrahlt und ein sehr liebevoll auf die Veedel-Bewohner ausgerichtetes Wohlfühl-Arthouse-Programm bringt.

Tipp für Wanderer

Sind die Latschen verschlissen, sei dir, Wanderer, »Ric's Schusterlampe« empfohlen. Der Schuhmacher ist nicht nur ein wunderbares Original, sondern beherrscht sein Handwerk wie nur einer: Aus hoffnungslosem Tretwerk macht er wieder 1-a-Funktionsschuhe. Und das sensationell günstig. Garniert mit den besten Schuster-Kommentaren, die ich je gehört habe. Und wenn du schon mal da bist, Wanderer: Guck dir mal ganz genau das Schaufenster an!

Über Sülz geht es direkt weiter nach

Lindenthal

Die Düsseldorf-Enklave mitten in Köln. Bewohnt von reichen Rentnern, Professoren der ebenfalls auf Lindenthaler Gebiet liegenden Universität zu Köln und Top-Managern. Deshalb ein wenig spießig, gleichwohl: Wem der Rest von Köln zu schmuddelig ist, dem wird es hier gefallen. Zumal der Decksteiner Weiher und der Stadtwald mit zahlreichen Tennisplätzen für die standesgerechte Sportart, Streichelzoo und Kleingartenanlage angrenzen. Tipp: Wenn sich auf dem Kölner Wohnungsmarkt was bewegt, dann am ehesten hier. Viele Makler sichten angeblich täglich die Todesanzeigen in der Zeitung und gehen zur Beerdigung, wenn der Tote aus Lindenthal kommt, um sich gleich der Erbengemeinschaft anzudienen. Noch begehrter sind die Adressen in Deckstein, einem Teil Lindenthals. Es gibt tatsächlich Leute, die bis zu 10.000 Euro pro Quadratmeter zahlen, nur um eine Adresse in Deckstein auf der Visitenkarte stehen zu haben. An der Aachener Straße endet das betreute Millionärs-Wohnen, denn auf der anderen Straßenseite beginnt

Ehrenfeld

Ebenfalls heißer Titelkandidat für das kölscheste Veedel von Kölle. Denn Ehrenfeld hat alles, was die Südstadt auch hat, ist aber ein Vielvölkerveedel mit tatsächlich auch messbarem Arbeiteranteil. In Ehrenfeld leben so viele Menschen aus aller Herren Länder und jeden Milieus, dass jeder, der hier wohnt, sich zu einer urbanen, weltoffenen Gemeinschaft von Kosmopoliten zugehörig fühlt. Mein alter Freund Nedim, der wegen seiner Kinder in ein Reihenhaus einer Vorstadt gezogen ist, kommt, wann immer er kann, zurück nach Ehrenfeld und klagt jedem, den er trifft, sein Leid: »Es ist so langweilig da draußen. Dort leben nur Deutsche!«

Auch Ehrenfeld ist total gentrifiziert, und zwar seit 30 Jahren. Aber das Veedel hat sich viel von seinem schmuddeligen Charakter bewahrt. Es gibt trotz aller Zugezogener immer noch dreckige Ecken, heruntergekommene Gegenden, asoziale Vollpfosten und Eckkneipen, die voller Proletarierstolz auf Tafeln das Herrengedeck Kölsch + Korn feilbieten. Im Arkadas-Theater (Platanenstraße) manifestiert sich die internationale Einwohnerstruktur auch im kulturellen Leben: Neben Eigenproduktionen zu interkulturellen Themen finden hier zahlreiche internationale Theaterfestivals statt, die nicht nur Zuschauer, sondern auch die besten Theatermacher aus aller Herren Länder ins Veedel bringen.

Damit man auch bei schwerer Schlagseite nachts den Weg nach Hause findet: Leuchtturm in Ehrenfeld.

Das Wahrzeichen von Ehrenfeld ist – noch – der Helios-Leuchtturm an der Bahnstrecke, der tatsächlich da steht wie ein Wegweiser an der Nordseeküste. Das andere Wahrzeichen von Ehrenfeld ist die Moschee an der Inneren Kanalstraße, sozusagen der Dom für Moslems. Wie du, Wanderer, dir vorstellen kannst, gab es darüber große Kontroversen in der Stadt. Letztendlich hat sich aber auch

Moschee mit Minarett

hier das Karnevalsmotto »Jeder Jeck ist anders« durchgesetzt, und so wurde die Moschee eben gebaut. Und nach dem Gebet geht der Türke auf ein lecker Kölsch in die nächste Kneipe und bestellt Pommes mit Schnitzel. Möge es lange so bleiben – Inshalaaf! Von der Moschee geht's in die Venloer Straße, die das Stadtzentrum Ehrenfelds ist. Denn auch der hier Geborene muss sein Veedel nicht verlassen, um zu überleben. Auf der linken Seite steht das architektonisch interessante 4711-Haus, ganz in der Nähe des architektonisch völlig uninteressanten Kaufland-Gebäudes. In den Seitenstraßen gibt es Kneipen, die »Lisbeth« heißen, weiter draußen gibt es mit der »Braustelle« auch eine der gerade so angesagten Craft-Beer-Brauereien, die den Großbrauereien vormacht, wie Bier auch schmecken kann.

Kebab Connection

Einer der beliebtesten Döner-Sandwich-Läden steht an der Venloer Straße kurz hinter dem Ehrenfeldgürtel: Kebapland. Immer voll heißt immer frische Zutaten. Bemerkenswerterweise gehört der Laden einem Kurden. Vielleicht ist das der Grund, warum er sich genau gegenüber der Ehrenfelder Polizeiwache befindet. Damit gar nicht erst jemand auf die Idee kommt, Konflikte aus der Heimat in der Wahlheimat auszutragen. Wer drinnen sitzen will, geht ein paar Meter weiter zum auch sehr frequentierten »Arslan's Kebap«.

Der schönste Biergarten ist im Sommer das »Herbrand's«, wo wegen nicht vorhandener Anwohner ausnahmsweise nicht schon um 22 Uhr Schluss mit »Tische draußen« ist. Gleich daneben befindet sich der zweitschönste Biergarten Ehrenfelds, der zum Cinenova gehört, das wiederum das allerschönste Kino Kölns ist. Es bietet ein sehr gutes Arthouse-Programm und zeigt seine Filme im Sommer wegen nicht vorhandener Anwohner auch draußen im zweitschönsten Biergarten Ehrenfelds. Es gibt das »Loft« (Wißmannstraße) für Jazz-Konzerte, den »Ehrenfeld-Club« in den Torbögen direkt unter den Bahngleisen und in der Körnerstraße eine Reihe von kleinen Schmuck- und Designer-Läden mit Klamotten.

Es gibt den Afrika-Shop in der Hüttenstraße und gegenüber die gute, alte Kneipe »L«. Es gibt das Restaurant – der Magen isst schließlich mit – »Essers« (Ottostraße 72), welches eine der seltensten und exotischsten Küchen Kölns kredenzt, die österreichische. Für alle, die forever Punk sind, gibt es das »Sonic Ballroom«, das sowohl als Kneipe als auch als Konzert- und Poetry-Slam-Bühne genutzt wird. Es gibt das »Underground«, das als Club und als Disco fungiert, die »Live-Music-Hall« und das »Odonien«, ein ebenfalls sehr alternativ daherkommender Club mit großem Open-Air-Gelände voller Kunst und Schrott bzw. Schrott und Kunst. Das alles und noch viel mehr gibt Ehrenfeld her.

Wanderer, was wäre Köln ohne Ehrenfeld? Vielleicht ein Köln mit einem größeren

Nippes

Denn Nippes gilt überregional als das kölsche Veedel par excellence. Immer, wenn im Fernsehen vom Kölner die Rede ist, heißt es: »Wie Jupp Schmitz aus Köln-Nippes«. Hier trifft man sie also, die Kölner, die noch Kölsch sprechen, beim Rewe und im »Alt-Nippes« an der Eck. Die Arbeiter, die ihre Schichten bei Ford schieben. Deutsche, Türken, Redakteure. Aber auch Komiker, Musiker, Autoren mit ihren Wurzeln im Kölner Arbeiter-Milieu. Jeder Kölner wäre gern als Nippeser Jung geboren, weil hier noch alles so ist wie früher. Also nicht wie ganz früher, sondern wie früher – als sie alle noch ganz jung waren. Wer als Kölner Künstler was werden will, fälscht seinen Lebenslauf, um sagen zu können: »Isch bin uss Neppes.« So viele Künstler kommen aus Nippes – die müssten sich eigentlich alle kennen, tun sie dann aber doch nicht. Nippes kann man nur gernhaben. Hier trinkt man Rotwein zum Döner, und im Kinderschuhladen gibt es natürlich auch die Latte-Macchiato-Sitzecke. Die Leute im Veedel kümmern sich umeinander, jedenfalls viele. So wie den Kölner nicht interessiert, was im Rest der Welt passiert, ist dem Nippeser egal, was im Rest von Kölle läuft. Er organisiert sich selber: Die »Nippeser Nacht«, »Willkommen in Nippes« oder »der Blaue Abend« – wenn der Nippeser sich amüsieren will, wartet er nicht darauf, woanders

Nicht nur Kiffer lieben Nippes

eingeladen zu werden, sondern macht die Party selber. Die Kulturkirche organisiert eines der besten Konzertprogramme der ganzen Stadt! Der Altenberger Hof ist eines der schönsten Bürgerzentren von Köln. Und wo sonst gibt es einen nach einem Kabarettisten benannten Platz – wenn nicht in Nippes? Der Heinrich-Pachl-Platz dient sowohl dem Andenken an den großen Kölner Philosophen (natürlich zugewandert, natürlich nach Nippes!) als auch als Spielfläche für dessen liebstes Hobby: Boule. Es gibt herrliche Parks wie das Nippeser Tälchen und schöne Plätze wie den Schill- oder den Baudriplatz. Und es gibt die Neusser Straße, die Lebensader von Nippes, die hässlicher, lauter und stinkender kaum sein könnte. Hier ist er zu spüren, der Charme der 70er. Die Neusser Straße mögen nicht einmal die Nippeser. Zum Ausgleich ist das Veedel stadtplanerisch auch ganz weit vorne: Hier gibt es die erste autofreie Siedlung in Köln, und die ehemaligen Clouth-Werke sind nun Künstlerquartier.

Tipp

Man kann natürlich auch in Nippes viele Nächte in noch mehr Lokalen verbringen und dabei viele Freunde fürs Leben gewinnen, ganz »ohne Partystress oder show-off, eher trash als posh«, wie die Alt-Nippeserin Ilona B. statuiert. Besonders schön sind die Kneipen »Kuen« (Kuenstraße 9; www.kuenkneipe.de) und »Heimathirsch« und der kölscheste Grieche in Nippes, das »Jamas« (Sechzigstraße 1; www.jamas-restaurant.de).

Richtung Rhein geht es nun vorbei am

Zoo

Jedes Kölner Kind bekommt einmal im Laufe seiner Kindheit eine Jahreskarte vom Kölner Zoo. So die Legende. Aber ich sag mal so: Auf jeden Fall ist es für Kinder schöner im Kölner Zoo als in Berlin am Bahnhof Zoo. Mit der Seilbahn kannst du, Wanderer, nun über den River Rhine oder auch The Rhine River gelangen und steigst auf der

Schäl Sick

aus. Die »Schäl Sick« meint »die falsche Seite«. Jahrtausendelang verlief hier die Grenze zu den Barbaren, den Ostdeutschen, zum Feind. Die heutigen Stadtteile waren einst allesamt eigenständige Städte, bis sie im Laufe des 20. Jahrhunderts eingemeindet wurden. Für Konrad Adenauer begann op de Schäl Sick angeblich schon West-Sibirien.

Mülheim

Lange Jahre galt Mülheim als der schmuddelige Asi-Stadtteil, in den niemand gerne fährt. Hier lebten die Joggingbotz-Typen mit Kampfhund, die Türken bildeten eine Parallelgesellschaft, zum Arbeiten fuhren alle, die Arbeit hatten, nach Leverkusen zu Bayer, und am Wiener Platz hießen die Geschäfte Urban und Woolworth. So das Klischee. Damals. Heute: zieht die bourgeoise Boheme auf der Flucht vor dem Massen-Hipster nach Mülheim, weil es hier noch nicht durchgentrifiziert ist. Was zuerst

Anarchisten? – Staatlich subventionierter Carlsgarten am Schauspielhaus-Depot!

einmal heißt: Die Mieten sind bezahlbar. Was aber auch bedeutet: Mülheim wird grade massiv gentrifiziert – durch die BoBos. Vom Arbeiter- zum Medienstadtteil: Radio Köln sendet von Mülheim. Die »heute-show« wird hier in einer ehemaligen Fabrikhalle produziert, zahlreiche TV-Studios sind entlang der Schanzenstraße in ehemaligen Fabrikhallen untergebracht. Das Schauspielhaus nutzt eine ehemalige Fabrik als Interimsspielstätte, direkt gegenüber einer Kletterhalle in einer anderen ehemaligen Fabrikhalle und der Produktionsfirma Brainpool in einer weiteren ehemaligen Fabrikhalle. Auf dem Hof befindet sich der industriell-futuristisch angehauchte Carlsgarten, in dem Permakultur geboten wird – also ganz weit vorne! Passende toxische Getränke holt man sich im »Werkshasen« – tagsüber geöffnet, abends Kantine des Schauspielhauses. Das »Palladium« und das »E-Werk« sind zwei großartige Konzerthallen in zwei ehemaligen Fabrikhallen. Mülheim besteht also, du hast es längst gemerkt, Wanderer, hauptsächlich aus ehemaligen Fabrikhallen. Und wo wohnen die Menschen? – In der Keupstraße. Die wiederum das Zentrum der türkischen Community in Köln ist. Korrekterweise sagen wir: der konservativen, türkischen Community. Traurige Berühmtheit erlangte die Keupstraße durch den NSU-Bombenanschlag, den die deutschen Ermittler jahrelang irgendwelchen ausgedachten türkischen Phantasie-Kriminellen in die Schuhe schieben wollten, bevor sie endlich in die richtige Richtung ermittelten und zugeben mussten, dass die Arschlöcher, die das verbrochen hatten, astreine rechtsradikale Neo-Nazi-Bio-Deutsche waren.

In Hausnummer 71 bekommst du, Wanderer, den besten veganen Cigköfte weit und breit. Wenn du an einem Donnerstag da bist, lohnt ein Besuch im Lokal »Guckundhorch« (Buchheimer Straße 1A): Ein Künstler-Kollektiv von 9 Künstlern belebt dieses wohnzimmerhafte Lokal jeden Donnerstag von 17 bis 22.30 Uhr. Daneben ist der schönste Laden von Mülheim, betrieben von einer Sammlerin und Künstlerin, und direkt daneben wiederum das »Jakubowski«, das beste Café in der Gegend. Sagen jedenfalls die Mülheimer. Direkt am Rhein befindet sich ein Spielplatz, wo der Mülheimer sich ein schönes Plätzchen auf dem Mäuerchen sucht, um den Sonnenuntergang zu genießen. Bereits seit 1984 betreibt an der Frankfurter Straße 56 Jörg seinen Wein-Shop. Jeden Samstag von 12 bis 14 Uhr kann man dort was trinken, sein eigenes Picknick mitbringen, teilen und nette Nachbarn kennenlernen.

Mühlheim Tipp

Neu hier? Im Jan-Wellem-Park treffen sich wöchentlich ab 18 Uhr Mülheimer (die wollen) zum „Mülheim Hangout", um zusammen zu chillen. Verabredet wird sich auf Facebook. Die Subkultur trifft sich zu Konzerten im Gebäude 9 oder im Kulturbunker, die Folk-Szene im „Limes" und zieht dann zum Weitertrinken um ins „Vreiheit". Und übrigens: Kultur hat hier eine lange Tradition. In Mühlheim fand 1896 die erste Kinovorführung Kölns statt.

Mülheim ist der bunteste Stadtteil der Welt: Mehr Nationalitäten gibt es höchstens in Manhattan – und das auch nur, weil die UN dort sitzt. Von 220 Nationalitäten weltweit sind in Mülheim 180 vertreten. Nicht als offizielle Botschafter ihrer Länder, sondern einfach so, zum Leben. Mülheim ist also insgeheim das, was Nippes, Ehrenfeld, Sülz und die Südstadt gerne wären: Der alternative Stadtteil überhaupt! Damit das so bleibt, lassen die Mülheimer ihren Schandfleck auch weiter schön verkommen: den Wiener Platz, die Visitenkarte des Stadtteils. Wer hier aussteigt, ahnt nicht, welche Schätzchen sich im Veedel verbergen, und das ist vermutlich auch gut so.

Hässliche Visitenkarte eines schönen Veedels: Wiener Platz

Kalk

Was für Mülheim gilt, wird schon bald auch im benachbarten Stadtteil das Zusammenleben bestimmen. Kalk ist das nächste dicke Ding auf dem Immobilienmarkt. Die FAZ empfahl 2016: Wer in zehn Jahren richtig reich werden will, sollte jetzt Wohnungen in Kalk kaufen. Das Problem: Wer heute Wohnungen in Kalk kaufen will, muss bereits jetzt schon reich sein. Die Story hinter der Story?

11 Jugendliche aus 22 Ländern: Borussia Kalk forever!

Wäre Köln ein eigener Planet, was ja viele Kölner von ihrer Stadt denken, wäre neben Mülheim auch der danebenliegende Stadtteil Kalk die Dritte Welt. Kalk galt jahrelang als noch assiger als Mülheim. Selbst Türken aus der Keupstraße mieden Kalk, wenn es irgend ging, weil sie Angst hatten, hier nicht mehr lebend herauszukommen. Jahrelang hielten Gangsta-Rapper hier Hof und besorgten sich so ihre Street Credibility. Schießereien, Revierkämpfe, Schutzgelderpressungen wurden besungen, um den Mythos vom gefährlichen Gangster-Veedel zu festigen. Lebten in Kalk doch all die Joggingbutz-Figuren und Ausländer mit Kampfhunden, die dazu aber auch noch arbeitslos waren. Oder mit Drogen dealten. Oder sich prostituierten. Alle Schattenseiten einer Großstadt wurden immer auf Kalk projiziert. Quasi das Neukölln von Köln.

Nicht alles, was Arcaden heißt, ist auch schön

Doch dann wurde die Polizeizentrale direkt nach Kalk verlegt. Seitdem fühlen sich hier alle sicher. Was ja schon wieder ein Witz ist – Bei der Kölner Polizei! Die hat so viele Skandale hinter sich, man sollte die gesamte Kölner Bullerei ins Sauerland verlegen und die unbestechlichen Dickköpfe aus Brilon, Iserlohn und Meschede in Köln die öffentliche Ordnung aufrechterhalten lassen. Aber so ist der Kölner: Die gute Absicht zählt! Und deshalb wurde in Kalk auch gleich noch eine Shopping Mall gebaut: die Kalker Arcaden. Denn arme Leute sind bekanntlich die Einzigen, die viel konsumieren. Getrieben in der Hoffnung, so die Wirtschaft anzukurbeln und den eigenen Aufschwung herbeizukaufen, der auch ihnen den Umzug in ein anderes Veedel in Aussicht stellt.

Herr Stapper: Wir sind der Aufschwung!

Wir haben inzwischen schon mehr als 10 Jahre Hartz IV in Deutschland. Und ich kann mit Fug und Recht behaupten: Ich war von Anfang an dabei. 10 Jahre lass ich mich jetzt öffentlich schmähen als soziales Prekariat, das es sich im Wachkoma in der sozialen Hängematte bequem gemacht hat. Dabei sind wir doch diejenigen, die den ganzen Laden hier am Laufen halten. Wir sind doch die, die für Wirtschaftswachstum sorgen! Wer isst denn immer ohne Rücksicht auf den eigenen Körper die ganzen giftigen Lebensmittel, ungesunde Chips, Billigschokolade mit Pferdeblut und das ganze Gammelfleisch im Supermarkt, was die Bioladen-Pilates-Fraktion niemals ihren eigenen Familien zumuten würde? – Wir auf Hartz IV!

Wer sind denn immer die Ersten, die sich massenweise den ganzen neuen Unterhaltungselektronikscheiß kaufen, High-End-Smartphones, die neuste Spielkonsole, den größten Flachbildfernseher? – Wir auf Hartz IV!?

Wer sorgt also für Aufschwung und Wirtschaftswachstum, von dem letztlich alle profitieren, während die Mittelschicht jeden Cent spart, weil sie Angst vor dem Euro-Crash hat? Jetzt alle: Wir auf Hartz IV!

Jedenfalls sind die Studenten und Künstler längst auch in Kalk eingefallen, weil hier Ateliers und WGs noch bezahlbar sind, ohne dass man sich gleich ruinös verschuldet. Also wird es keine drei Jahre mehr dauern, bis auch die Yuppies mit Firmenwagen wie die Heuschrecken über den Stadtteil herfallen und das gewachsene Biotop in immer weiter außerhalb der Stadt liegende Reservate verdrängen. Wer kann, kaufe sich jetzt Wohnungen! Wer nicht kann, genieße die letzten Jahre Vielfalt und kreatives Chaos im Veedel und fahre mit der Linie 9 wieder Richtung Innenstadt.

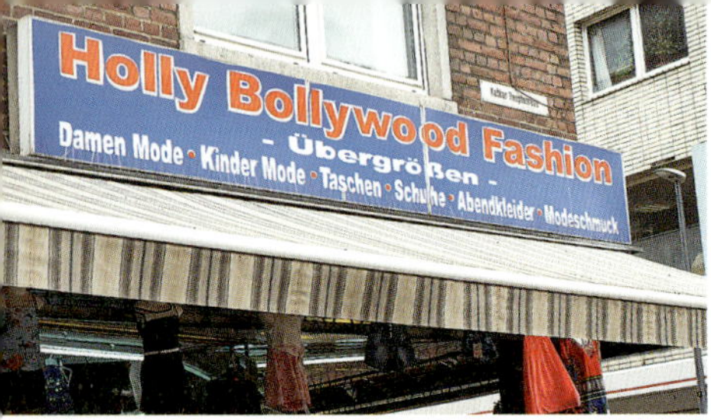

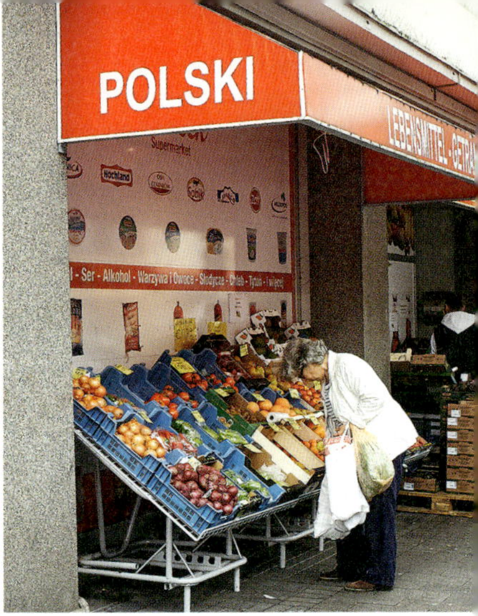

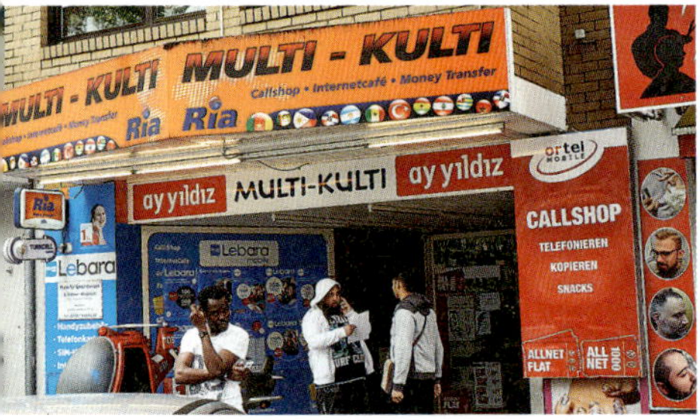

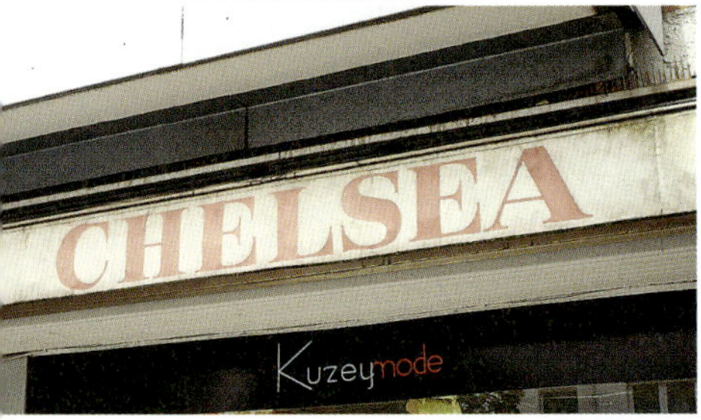

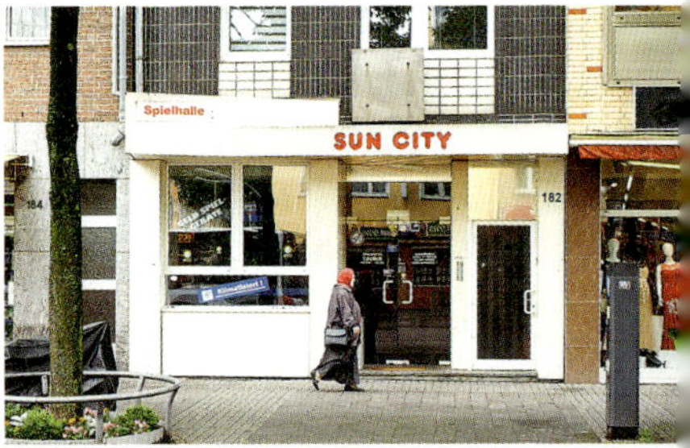

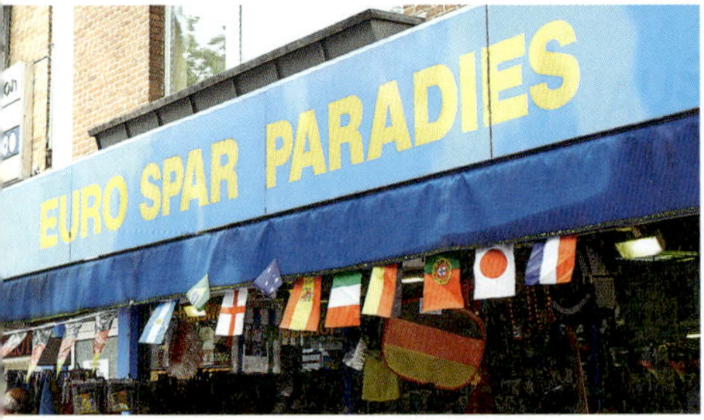

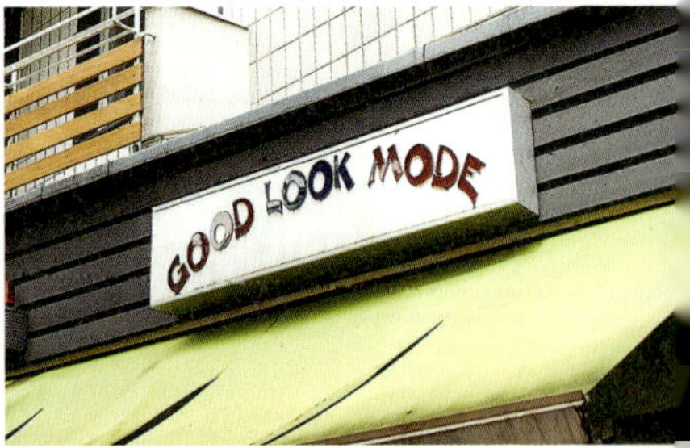

Deutz

Jetzt bist du, Wanderer, bei deiner Tour de Cologne im Uhrzeigersinn bei fünf vor zwölf, also fast wieder in der Innenstadt angekommen. Davor liegt nur noch Deutz. Deutz hat viele Vorteile: Es liegt direkt gegenüber der Altstadt auf der anderen Rheinseite. Man ist also schnell dort, wo das Leben blüht. Ansonsten bietet Deutz die KölnMesse, einen eigenen Bahnhof – der während des

Nazi-Regimes ein Internierungslager und Verkehrsknotenpunkt zur Deportation von Juden sowie Kriegsgefangenen war –, eine Jugendherberge und die RTL-Zentrale. Ja, hier arbeiten die ganzen Arschkrampen, die das menschenverachtende Programm machen, das sie selbst verachten, nur um mit werbefinanziertem Mist Profit einzuheimsen. Siehe auch Kapitel Medienstadt Köln.

Je größer die Not, desto schöner die Namen: Kalker Hauptstraße

Das Lommerzheim

Angeblich die kölscheste Kneipe der Welt. Benannt nach ihrem jahrzehntelangen Betreiber, Spitzname: Lommi, der inzwischen das Zeitliche gesegnet hat und in die Walhalla der Kölner Helden eingezogen ist. Hier gibt es seit 1959 zu Pommes riesengroße Koteletts, früher noch serviert vom Chef persönlich mit legendär grimmigem Gesichtsausdruck und guten Sprüchen. Der Laden war eigentlich immer voll, ich speiste in den Achtzigern des vorigen Jahrhunderts oft dort, weil meine Freundin um die Ecke wohnte. Drum weiß ich, dass folgender Dialog aus dem Jahr 1999, der neben den Koteletts maßgeblich zum weit über Lommis Tod hinaus strahlenden Ruhm beitrug, absolut glaubwürdig ist:

Köln während des G-8-Gipfels. Die ganze Stadt ist im Ausnahmezustand. Die ganze Stadt? Nein, eine kleine, angeblich seit ihrer Eröffnung 1959 unrenovierte Kneipe in Deutz geht ihrem Tagesgeschäft nach, als das Telefon klingelt.

Hans Lommerzheim hebt ab.

Lommi, unwirsch: »Ja.«

Telefonstimme, mit amerikanischem Akzent: »Hello, guten Tag, hier spricht John Doe von die Secret Service. Ick rufe Sie an wegen die Mister President Clinton. Er möchte gerne in einem typisch Kölner Restaurant zu Abend essen. Und alle sagen: Call the Lommerzheim!«

Lommi: »Willst du mich verarschen?«

Telefonstimme, jetzt amerikanisches Englisch sprechend: »No, no, I want to make a reservation for Mister Bill Clinton, a table for four persons, please. Is that possible? This evening, around eight?«

Lommi: »Ich mach keine Reservierungen. Aber ich han noch en Tisch frei. Ävver er soll pünktlich sinn, sonst vergeb ich den Tisch weiter. Was sagen meine Kunden, wenn da ein leerer Tisch bei mir steht und ich loss de Lück nit eren?«

Telefonstimme: »Äh, excuse me. That's not possible. Aus Sicherheitsgründen muss das Lokal komplett geräumt werden. Außer Mister President Clinton und seine Staff darf sich niemand in den Räumlichkeiten aufhalten.«

Lommi: »Nä, dat jäät nit! Da möchte ja ming Stammkunde all drusse blivve.«

Telefonstimme: »Please? I didn't understand ...«

Lommi: »Das geht nicht. Ich kann doch nicht wegen so 'nem Präsidenten meine Stammkundschaft draußen vor der Tür stehen lassen.«

Telefonstimme: »Aber es geht um Bill Clinton, den Präsidenten der United States of America.«

Lommi: »Dann sag deinem Bill Clinton: Ich bin Lommi, der Kaiser von China. Tschö!«

Er legt auf und schüttelt den Kopf.

Bill Clinton ging dann in der Malzmühle am Maritim essen.

Die Malzmühle findest du, indem du eine Station mit der Stadtbahn fährst und direkt auf der anderen Rheinseite aussteigst. Sie befindet sich am Heumarkt, und da bist du, Wanderer, wieder in der Altstadt.

Chorweiler –
die dunkle Seite hinterm Mond

>»Et Schönste, wat m'r han, schon all die lange Johr,
es unser Veedel.«

(Bläck Fööss, kölsche Brauchtums-Kapelle)

»Hier wohnt niemand freiwillig«, sagt Omar, der als Flüchtling aus Afghanistan kam und mit Frau und Kind hier gelandet ist, weil er sich keine Innenstadtmiete leisten kann. Das Problem: Wer einmal hier gelandet ist, kommt so schnell nicht mehr raus. Es sei denn, er arbeitet hier, z. B. als einer der vielen Sozialarbeiter. Wer jedoch in Chorweiler lebt, leidet unter dem Fluch der Banlieues: Wer als Absender-Adresse Chorweiler auf seine Bewerbung schreibt, kriegt oft weder Job noch Wohnung, und so landen und bleiben hier meist die, die der Kapitalismus in seiner endlosen Verwertungskette ausgesiebt hat: Arbeitslose, Ausländer, Alkoholiker. Ein echter Triple-A-Stadtteil. Würde Chorweiler am Meer liegen, bräuchten viele Kölner im Urlaub nicht nach Malle oder Benidorm, sondern würden nach Chorweiler reisen. Aber da sieht man mal wieder, dass bei Immobilien immer drei Dinge zählen: Lage, Lage, Lage. Chorweiler ist das Musterbeispiel für »kapitalistischen Plattenbau«. Die größte Trabantenstadt in ganz Nordrhein-Westfalen. Das Stigma haftet an diesem Stadtteil wie das Rohöl aus havarierten Tankern am Gefieder von Seevögeln. »Sozialer Brennpunkt« ist ein Euphemismus für diese Ansammlung von Hochhäusern in Straßen mit wohlklingenden Namen wie Mailänder Straße, Pariser Platz oder Stockholmer Straße. 100.000 Menschen sollten hier einst auf engstem Raum wohnen, arbeiten, leben und Handel treiben. 40.000 sind es dann geworden. In den 60ern auf dem Reißbrett als »neue Stadt« geplant und hochgezogen, wird hier im Langzeitversuch das Experiment der Massenmenschhaltung betrieben. Der große Dichter Heiner Müller schrieb einst über Plattenbausiedlungen als »Fickzellen mit Fernheizung«. Fantasielose Zeitgenossen nennen sie einfach Karnickelkäfige oder Rattenlöcher. 20-stöckige Hochhäuser, in denen teilweise der Aufzug nicht geht oder die Toilettenspülung, sodass es in den Treppenhäusern bestialisch nach Kot und Urin stinkt. Wenn man Menschen über Jahrzehnte behandelt wie Tiere, muss man sich nicht wundern, wenn sie anfangen, sich auch so zu benehmen. Wohnungen, in denen es schimmelt, in denen teils sogar in luftigen Höhen die Fenster kaputt sind und es eisig hineinweht, -regnet oder -schneit. Alles, ohne dass die Vermieter über Jahre etwas gegen die Missstände unternommen hätten. Das Geschäftsmodell war ganz einfach: Da hier viele Sozialhilfeempfänger lebten, ließ sich der Heuschreckenkonzern Marietta Bergstedt einfach die Miete vom Amt überweisen, ohne seinerseits den Mietvertrag einzuhalten und für menschenwürdiges Wohnen zu sorgen. 2016 hat endlich die städtische Wohnungsbaugenossenschaft GAG 1200 total heruntergekommene Wohnungen aufgekauft, um sie in einen artgerechten Zustand zu versetzen. Wie lange dies angesichts der kommunalen Haushaltslage dauert, darüber kann man nur unken.

Aber es ist natürlich nicht alles schlecht: Man hat aus den Hochhäusern einen tollen Panoramablick über die rheinische Tiefebene und den Dom. Und gleich vor den Hochhäusern liegt in Sichtweite die wunderbare, größte Kölner Waldorfschule. Sie dient allerdings nicht den per Herkunft und Wohnort benachteiligten Kindern von Chorweiler zur Förderung und Ausbildung, sondern eher als eine Art Sonderschule für die dummen Kinder der Reichen von Köln, bei denen es für eine Gymnasialempfehlung nicht gereicht hat. Und natürlich den musisch hochbegabten Kindern der Anthroposophen-Elite, die hier lernen, respektvoll mit Tier und Pflanze umzugehen, sich aber nicht für die Rechte der vor ihren Augen im Ghetto lebenden Menschen interessieren. Erst vor wenigen Jahren wurden in der Waldorf-Abi-Zeitung alle möglichen Klischees von Großfamilien mit »10 Kusäängs und 19 Kusinään«, gewaltbereiten

Jugendlichen, rauchenden, schwangeren, posenden Mädchen in Jogginghosen abgefeiert. In der Schule sitzen Titus-Aurelius, Marie-Sophie und Thorben-Friedrich und daneben wohnen der Kevin-Fernando, Shakira-Chantal und Marvin-Justin. Was man aus dem Hochhausfenster ebenfalls sieht, sind die um das Ghetto herum liegenden Wohngebiete, Reihenhaussiedlungen mit Carport. Hier wählt man grün oder CDU, auf jeden Fall aber konservativ. Zu sehen ist im Norden das Bayer-Werk Dormagen, im Osten der Rhein und davor der Fühlinger See, an dem im Sommer u. a. das Kifferfestival »Summer Jam« stattfindet, und überhaupt die viele Natur, die das Ghetto umgibt. Eine richtige Idylle. Gut, Jupp S., 72, Mieter und einer der letzten Überlebenden der ersten Chorweiler-Generation aus dem 11. Stock, sieht das anders: »Willkommen in der Hochhaussiedlung im Grünen«, sagt er sarkastisch, »wir sind hier janz wigg drusse (jotwedee), damit die Gutsituierten uns nicht sehen müssen. Wir sollen alle schön hierbleiben.« Dafür sorgt die gute Infrastruktur: Eine eigene Shopping-Mall gibt es in Chorweiler, in der man alles kaufen kann, was Hartz IV zum Konsumieren hergibt.

Nirgends sonst in Köln, außer in Mühlheim, hört man so viele unterschiedliche Sprachen und trifft man Menschen aus so vielen Ländern der Erde wie in Chorweiler – und sie gehen friedlich miteinander um! Denn nein, es stimmt nicht, dass hier ein Klima von Gewalt und Kriminalität vorherrscht. Nein, hier ist nicht jeden Tag »Domplatte« angesagt. Und nein, hier werden nicht mehr Drogen gedealt und konsumiert als anderswo in der Stadt, im Gegenteil: Die Kids in der Südstadt können viel mehr Geld für Drogen ausgeben als die in Chorweiler. Nirgends in Köln arbeitet die Politik so intensiv daran, die Fehler der Vergangenheit durch Sozialprojekte wieder wettzumachen, wie hier. Nirgends sind die Sozialarbeiter so engagiert wie hier. Es gibt Rap-, Kunst- und Sportprojekte, Initiativen zur Förderung der Eingliederung

Warum fahren die Leute nach Benidorm?
In Chorweiler ist es mindestens genauso schön.

von Jugendlichen in den Arbeitsmarkt, es gibt die Heinrich-Böll-Gesamtschule, die es locker mit der Waldorfschule aufnehmen kann – und in deren Abi-Zeitung sich bisher niemand abfällig über die eurythmisch-anthroposophisch-esoterischen Namenstänzer von nebenan geäußert hat. Das Bürgerzentrum macht seit Jahrzehnten ein hochwertiges, ambitioniertes Kulturprogramm, das es locker mit den Angeboten der innenstädtischen Kulturzentren aufnehmen kann und zu dem tatsächlich immer mehr Besucher aus der Innenstadt und sogar Düsseldorf kommen. Welch größere Ehre könnte dem Team des Bürgerzentrums ein Düsseldorfer erweisen, als in der verbotenen Stadt einen Kabarettabend oder ein Konzert zu besuchen?

Also, Wanderer, wenn du echtes, funktionierendes Alltags-Multi-Kulti in einer menschenfeindlich erbauten Umgebung erleben willst, dann lass deine Vorurteile im Schließfach am Hauptbahnhof, fahr mit der S-Bahn-Linie 11 nach Chorweiler und schau dir an, welche Verbrechen gegen die Menschlichkeit Architekten in den 60ern und 70ern des 20. Jahrhunderts verüben konnten, ohne dafür in den von ihnen geplanten Bau gehen zu müssen: einen Gulag ohne Zaun. Flaniere einmal durch die Hochhausschluchten und stell dir vor, dass hier im Laufe der Jahre viele Menschen von Dächern und aus Fenstern gesprungen sind. Setz dich zum Libanesen in sein italienisches Restaurant in der Mall und trink einen Ayran zur Pizza, lass dir nebenan von der modern gekleideten Irakerin mit den langen Kunstnägeln die Haare schneiden (»Ich will so schnell wie möglich weg hier, damit meine zwei Kinder Deutsch lernen und nicht Rap-Kanakisch.«), besuch abends im Bürgerzentrum ein Konzert und geh dann – im Dunkeln! – über den Pariser Platz wieder in den S-Bahnhof und fahr zurück in die Innenstadt. Dann, Wanderer, hast du zu Hause aber was zu erzählen! Und die Bewunderung für deinen Mut von den gutbürgerlichen Zuhörern aus dem Bionade-Ghetto mit Sonnenkollektoren auf dem Dach ist dir sicher!

Ich sende, also bin ich –
die Medienhauptstadt

>»Hibbe di Hipp Hipp, de Hibbe di Hopp,
do haue mer de Näl met d'r Stang op d'r Kopp.«

(Bläck Fööss – Kölner Hiphop-Formation)

Wanderer, kommst du nach Köln, pass auf, dass du nicht in irgendeine Kamera reinläufst. Ständig wird irgendwo gedreht, und in der gesamten Fußgängerzone herrscht ständige Umfrage-Gefahr. Diese Umfrage-Wichtel sind inzwischen genauso eine Pest wie Junggesellen-abschiede. Sie lauern Passanten auf, überfallen sie dann mit klumdummen Fragen, um sie anschließend im Fernsehen als depperte Vollidioten bloßzustellen. Nichts ist einfacher, als Ausländer blöd aussehen zu lassen, wenn diese kein Deutsch verstehen, aber sich aus Höflichkeit vor der Kamera Mühe geben. Oder Alte vorzuführen, indem man sie nach irgendwas fragt, von dem sie gar keine Ahnung haben können, wie Snapchat oder Instagram. Wie gern würde man diesen Fußgängerzonen-Unterhaltungs-Spaßhackfressen ihr Mikro quer in ihre Frischluftluke schieben und sie nach Riad beamen – stünde dies nicht im Widerspruch

Sendezentrale op de Schäl Sick

zur UN-Menschenrechtscharta. Aber die Belästigung durch das Fernsehen ist allumfassend in der Stadt der Kirche mit den zwei Türmen: Ständig sind irgendwelche Straßenzüge wegen Dreharbeiten gesperrt. Ob nun »Tatort«, »50667 Köln«, »Familien im Brennpunkt« oder »Die Trovatos«, die neueste Komödie mit Bastian Pastewka, oder was Freches mit Anke Engelke – dauernd muss der Anwohner sein Auto irgendwohin umparken, wo die Knöllchenschreiber schon auf ihre Beute lauern.

Herrn Stappers Revolte-Training:

Isch komm neulich aus dem Haus, steht da so 'ne männliche Politesse, wie sagt man: Homo-Drosophila. Und schreibt 'n Knöllchen.

Ich sofort hin zu ihm und sage: »Ey Chef, seit wann darf man hier nich parken?«

Sagt der: »Chef mich nicht an!«

Ich sage: »Wie soll ich dich denn nennen? Ist dir Sackjeseech lieber?«

Schreibt der noch 'ne Knolle wegen Beleidigung.

Ich sag: »Ich hab doch nur gefragt, du Popelfresser!«

Noch 'ne Knolle wegen Beleidigung.

»Isch glaube, deine Mutter klaut bei KIK.«

Da muss ich sagen, war er fair. Hat er eine Knolle wieder zerrissen.

Isch wieder: »Dich hätten sie besser an einen Zaunpfahl jewichst. Dann wäre vielleicht wenigstens en Zaunkönig aus dir jeworden.«

Noch 'ne Knolle wegen Beleidigung.

»Ist deine Mutter ein Nilpferd?«

Er rollt genervt die Augen und sagt: »Wieso?«

»Ich hatte mal Sex mit einem Nilpferd. Das sah aus wie du.«

Noch 'ne Knolle wegen Beleidigung.

So jeht dat 'ne Viertelstunde pingpong hin und her. Schließlich nimmt er alle Knollen, packt se hinter die Windschutzscheibe und isch sag: »Na dann, Waidmanns Heil, Herr Oberförster! Schönen Tag noch.«

Ich gehe zu meinem Fahrrad und dann: Nichts wie weg!

Dreharbeiten haben immer Vorrang, sie sind angeblich existenziell wichtig für den Standort Köln! Von nichts kommt bekanntlich nichts, und Köln ist so häufig im Fernsehen zu sehen wie keine andere deutsche Stadt: ob als Hintergrundbild in Nachrichtensendungen und Talkshows oder als Setting für alle möglichen RTL-Trash-Formate und Fernsehfilme. Gleichzeitig wird in Köln Fernsehen produziert wie sonst nirgends. Ganze Stadtviertel sind vom TV abhängig: In Bocklemünd unterhält der WDR seine Studios. In Mülheim produzieren alle möglichen Sender, ebenso in Ossendorf. Vor den Toren der Stadt in Hürth. Doch leider, leider, all der ganze Aufwand war bisher umsonst – zumindest, wenn man Maßstäbe als Cineast anlegt: Es war noch kein Meisterwerk dabei, das den ganzen Aufwand gelohnt hätte. Wo ist der ultimative Köln-Film, den man sich noch in zehn Jahren ansehen kann? Berlin hat »Eins, zwei, drei« von Billy Wilder oder »Oh Boy«, das Ruhrgebiet immerhin seine Adolf-Winkelmann-Filme. Und Köln? Willy Millowitsch in »Drei Mann auf einem Pferd«. Wo ist der ultimative Karnevals-Schocker »Kamellehagel auf Köln« vom kölschen Tarantino? Oder das Katholiken-Drama »Vier Snickers für ein Halleluja« mit dem kölschen Bud Spencer? Wenigstens Woody Allen könnte man mit Mitteln der Filmstiftung NRW mal an den Rhein locken, um »Stadtneurotiker op Kölsch« zu drehen. Leider wird in Köln fast nur Ware produziert, die man schon beim Schauen wieder vergisst.

Obwohl im Zentrum der Stadt wie zwei Bienenstöcke die Zentralen der beiden besten Sender des Universums sitzen. Sagen zumindest deren Mitarbeiter. Müssen sie auch, sonst werden sie entlassen! Der eine ist die größte öffentlich-rechtliche Anstalt, der andere der größte Privatsender Europas. Der eine hat seine Zentrale in unmittelbarer Nähe des Doms, der andere op de Schäl Sick in Deutz – immerhin mit unverbaubarem Domblick. Die einen machen Programm für Leute ab 65, die andern für Leute, deren

Einkommen unter 65 % des Durchschnittseinkommens liegt. Beim einen Sender beurteilen Abteilungsleiter Pilotfolgen neuer Formate nach Kriterien wie: »Meine Schwiegermutter in Hückeswagen

Satelliten in der Satellitenstadt

fand es langweilig.« Bei der anderen Sendergruppe brüllen Chefs nach der Erstausstrahlung: »So eine Scheiß-Quote! Raus mit euch Versagern!« Die einen glauben, sie gehörten zur Avantgarde des investigativen Journalismus, die andern halten sich für die Zukunft des Fernsehens, wenn es diese Zukunft denn gibt. Die einen finanzieren sich durch Zwangsabgaben der Gebührenzahler, die anderen durch Werbung. Die Redakteure des einen lernen in Fortbildungsseminaren, wie man freie Mitarbeiter demütigt, damit diese schön demütig bleiben. Die Festangestellten des andern Senders lernen in Workshops, ihr Publikum zu verachten: »Wer guckt uns denn? Leute, die mittags schon hackedicht sind. Die wollen Assis sehen, die noch blöder sind als sie selbst. Ansonsten Popcorn-Kino und Titten.«

Die Redakteure des einen Senders wohnen in den schönsten Altbauten, die des anderen in den schönsten Neubauten der Stadt. Die einen kreisen um sich selbst, die andern auch. Aber gut, was ist in dieser Stadt normal? Also ich bestimmt nicht. Du etwa? Eben.

Herr Stapper: Deutschland sucht den Super-Asi

Seit Jahren lass ich mich beschimpfen als soziales Prekariat, wat et sich in der sozialen Hängematte bequem gemach hät und den ganzen Tag im sozialen Wachkoma Privatfernsehen guckt: RTL, RTL II, Super-RTL. Wir Unterschichtler werden da immer nur vorgeführt als Volldeppen-Karikaturen mit Vokuhila-Frisur und Intimpiercing, triebgesteuert und dauerbesoffen, immer nach dem Motto: »Deutschland sucht den Super-Assi!« Damit die Mittelschicht sich vor der Unterschicht gruselt und dabei vergisst, der Oberschicht auf die Finger zu klopfen. Die zeigen uns immer nur als Karikaturen, so Typen wie: »Ey, du alte Schlampe, ey! Komm zu misch zurück, ey! Isch lieb disch doch, du Sau!« Und dann erwarten die trotzdem von uns, dass wir noch mit den letzten paar Flocken, die wir haben, deren Werbeprodukte kaufen.

Denn die vom Privatfernsehen, die zeigen 'n Film ja nicht wegen dem Film, sondern nur wegen der Werbung. Weil, nur damit verdienen die ihr Geld. Die machen ihr ganzes Programm also nur wegen der Stellen, die das Programm kaputt machen. Fernsehen machen nur wegen der Werbung, das ist, als hättest du eine Kuh nicht wegen der Milch, sondern wegen der Kacke.

Und wir sollen dann auch noch für die letzten paar Cent deren Quizfragen per SMS beantworten, auf dem Niveau von: »Wo steht der Kölner Dom? A) In Köln oder B) In Düsseldorf?« – Ich kenne Leute, die haben geantwortet: Düsseldorf. Weil: »Köln« wär ja zu leicht. Nee, Leute, ich gucke nur noch Arte und 3Sat. Immer, bevor ich reiche Leute am Bioladen ärgern gehe. 'Ne halbe Stunde auf Arte Zwergwidderkaninchen beim Yoga zugucken – dann hab ich das nötige Aggressionspotenzial.

Tausende und Abertausende freie Mitarbeiter bei beiden Sendern und den Produktionsfirmen kommen hinzu. Und dann ist da ja auch noch das Radio. Einslive. WDR 2. WDR 3. WDR 4. WDR 5. Radio Köln. Der Deutschlandfunk. Die Deutsche Welle nebenan in Bonn, die nur nach Bonn gezogen ist, weil das Kölner Deutsche-Welle-Hochhaus asbestverseucht ist.

Und natürlich der Monopol-, äh, sorry, der Neven-DuMont-Verlag mit seinem Flaggschiff des Qualitätsjournalismus, dem »Kölner Stadt-Anzeiger«, dem Boulevard-Blatt mit menschlichem Antlitz, »Express«, sowie der »Kölnischen Rundschau« für die konservativen Katholiken im Umland. »Irgendwas mit Medien« ist in Köln nicht einfach eine Floskel, sondern die Lebensgrundlage von Millionen und Abermillionen von Menschen. Was wiederum mit der Verantwortungslosigkeit und dem Hallodritum der Stadt aufs Wunderbarste korrespondiert. Denn es bedeutet, dass hier lauter tolle Hechte arbeiten. Jeder Einzelne ist der Beste. Denkt jedenfalls jeder Einzelne. All die fleißigen Medienbienen tragen ganz wesentlich zum überhöhten Selbstbewusstsein der Stadt bei, denn eine Stadt mit großem Ego braucht auch viele kleine Egos mit großem Ego. Wenn man all die kölschen Medien-Egos zusammenzählt, haben sie zusammen mehr Gewicht als sämtliche Steine des Doms und das grade an Köln vorbeifließende Wasser des Rheins zusammen.

Die Radio-Sender mit der besten Musik

Seit der WDR sein »Radio Europa« und überhaupt die besten Ecken des Programms eingedampft hat, weil wegen der Pensionskassen sooo viel Geld eingespart werden muss, ist es schwierig mit Musik jenseits des Mainstreams. Hier drei Alternativen:

Kölncampus – das Studentenradio sendet auf der UKW-Frequenz 100.00 MHz.

Und auf jeden Fall:

www.radioeins.de – das beste Radioprogramm der Berliner Republik.

www.fm4.at – der österreichische Sender ist aktuell, informativ, dreckig, groovy und streckenweise hochkomisch. Also so, wie Einslive gerne mal geworden wäre.

Mist nur, dass jetzt überall gespart wird. Im Print schon seit Jahren. Und nun auch beim WDR bzw. im »Puff«, wie ihn seine Mitarbeiter liebevoll nennen. Dort spart man an allem (Dokumentarfilmen, Satire, Show, Filmproduktionen, Qualitätsjournalismus und freien Mitarbeitern), nur nicht an den Pensionen der Redakteure und des Intendanten. Schließlich ist man dem Gebührenzahler verpflichtet. Und der will Sport sehen. Ganz viel Sport. Nichts als Sport. Und weil der Intendant das erkannt hat, lässt er das Filmhaus zum Sportpalast umbauen. Weil: Beim Sport darf nicht gespart werden. »Ich habe die Liebe mitgebracht«, sagte Tom Buhrow der WDR-Belegschaft zum Amtsantritt. Wie schnell Liebe doch erkalten kann...

Die Mitarbeiter nennen ihn liebevoll »Den großen Puff«

Aber das macht nichts. Die Medien in Köln beweisen jeden Tag aufs Neue, dass man mit immer weniger Mitarbeitern immer bessere Zeitungen und Sendungen produzieren kann. Oder sich selbst irgendwann überflüssig macht.

Kölner Institutionen:
der Kiosk

> »Die Karawane zieht weiter, der Sultan hät Durst.«
>
> *(Höhner – Kölner Hit-Produzenten)*

Eine der meistunterschätzten Institutionen Kölns ist der Kiosk. Oder auch, in der Verniedlichungsform: das Büdchen. Ohne ihn würde für viele Kölner das Leben komplett zusammenbrechen. Und das öffentliche Leben erst recht! Ohne Kiosk wäre Köln so trostlos wie Hannover, Bitter- oder Bielefeld – wo Alkoholiker, Raucher und Workaholics nach 18 Uhr höchstens noch in der Nachttankstelle einkaufen können. Dagegen der kölsche Kiosk: Hier gibt es alles, was der Mensch zum Leben braucht: Angefangen bei Grundnahrungsmitteln wie Chips, Dosenravioli und Schokoriegeln über Zeitschriften, Comics und Modellbausätze (!) bis hin zu Notfall-Verhütungsmitteln wie »Billy Boy – das Kondom mit Köpfchen« oder der Pille danach für Leute ohne Köpfchen. Doch der Kiosk bietet weit mehr als das: Je nach Veedel ist der Kiosk Szenetreff, Jugendzentrum, Nachrichtenquelle und Paketannahmestelle.

Roter Bio-Libanese

Zettel wie dieser hängen an jedem zweiten Kölner Briefkasten: »Pakete für Schmitz im Kiosk nebenan abgeben. Benachrichtigung in den Briefkasten legen nicht vergessen.« Und Beschwerden wie diese sind ebenfalls Alltag: »Letztes Mal lag mein Päckchen mit Hanfsamen drei Wochen im Kiosk. Ich hab WEGEN DIR drei Wochen bis zur Ernte verloren, Postbote. Wer ersetzt mir den Verlust? Du, Postbote? Eben! Also schreib den verdammten Zettel und leg ihn in den Briefkasten. Danke und schönen Tag noch!« Folglich ist der Kiosk auch Drogenumschlagplatz (Bitte einmal EXPRESS und 2 Gramm »Roter Bio-Libanese Neusser Straße Dachgeschoss First Flush«).

Kiosk heißt auch Vereinsheim, Flaschenpfandsammelstelle und überhaupt: Eckkneipenersatz, Familienersatz, Eisdielenersatz, Treffpunkt der Unanonymen Alkoholiker und Dating-App-Ersatz. Im Kiosk überspringt man das Digitale und lernt sich gleich analog kennen – sensationell! Hier lässt sich viel leichter ein Dialog beginnen als in der Disco; außerdem kann man davon ausgehen, dass die neue Bekanntschaft in der Nähe wohnt. Wenn der gut aufgelegte Kiosk-Gastgeber seine Kundschaft mit einem interessanten Plausch zu unterhalten weiß, wird aus dem Kunden schnell ein Stammkunde. Bei manchem Türken gibt es Erdogan-Porträts im Rahmen, beim Griechen Ferienwohnungen (»Kreta, Korfu, Kavalla«). Mir hat ein armenischer Kiosk-Betreiber sogar einmal Panzer, Hubschrauber und Kalaschnikows aus postsowjetischen Beständen angeboten. Ich fand das verlockend, hatte jedoch grade keine passende Verwendung dafür.

Obdachlose Nachwuchs-Alkoholiker

Doch ist der Kiosk nicht nur Konsumparadies. Der aufmerksame Beobachter kann schon beim ersten Besuch viel über das Veedel und dessen Bewohner erfahren, wenn er allein das Biersortiment näher in Augenschein nimmt: Dominiert das Kölsch die Glaskühlschränke, leben hier vorwiegend Alteingesessene. Pils ist das Bier der Immis, klar. Ausnahme: Rothaus und Astra trinken auch Kölner, ist ja hip. Für Hipster gibt es auch immer häufiger belgisches Bier, meistens Leffe Blond. Siehst du, Wanderer, im Kühlfach hingegen türkisches

Efes oder spanisches San-Miguel-Bier, lässt dies auf im Veedel lebende, gut integrierte Communitys aus den entsprechenden Ländern schließen. Polnisches »Tyskie«-Bier deutet eher auf Wander- und Saisonarbeiter hin denn auf in Köln sesshaft gewordene Menschen aus dem östlichen Nachbarland. Tschechisches Budweiser-Bier deutet weniger auf tschechische Schwarzarbeiter, vielmehr auf geschmackvolle Mitteleuropäer hin. Mexikanisches Bier wiederum auf Touristen aus dem Sauerland und Craft-Beer

aus der Privat-Kleinbrauerei von nebenan auf Yuppies, die Weinpreise für Bier bezahlen, um ihren sozialen Status zu betonen. Hab ich was vergessen? Altbier? Kenn ich nicht. Ach so, das Bier, das sie in Düsseldorf trinken. Willst du mich verarschen? Ich spreche hier von Bier! Alter Finne!

Die schöne Kiosk-Kultur wurde in den 60ern als Nebenprodukt der Fußball-Bundesliga erfunden, natürlich in Köln. Schließlich fängt Kiosk mit K an und nicht mit F, liebe Frankfurter. Warum nennen die Berliner ihre Kioske Späti? Hätten die Berliner den Kiosk erfunden, hieße er Biosk. Das mit dem Fußball war so: Aus Balltretern wurden Profis und aus Profis wurden Ex-Profis. Da Fußballprofis auch damals schon eine höhere Lebenserwartung hatten, als ihre Fußball-Karriere dauerte, jedoch nicht jeder Vorstopper das Zeug zum Trainer hatte und der Beruf des TV-Experten noch nicht erfunden war, benötigten sie

Hier bin ich Mensch,
hier darf ich's sein

einen Anschlussjob. So eröffneten in den 60ern und 70ern viele Ex-Fußballprofis entweder eine Tankstelle (Land) oder einen Kiosk (Stadt), um hier fortan von vergangenen Heldentaten zu berichten wie einst die Großväter von Stalingrad. Wer es sich leisten konnte, erwarb auch noch die Lizenz zur Lotto-Annahmestelle.

Edel-Kiosk für Yuppies

Irgendwann trat die Kommerzialisierung des Fußballs in ein neues Stadium, es gibt keine Vorstopper mehr, selbst rechte Innenverteidiger des 1. FC Köln sind bei Karriereende Milliardäre oder haben zumindest ein BWL-Studium an der Fernuni Hagen abgeschlossen. Übrigens – Achtung! – Insidertipp: In der U-Bahn-Haltestelle Hauptbahnhof gibt es im Zwischengeschoss einen Kiosk, dessen Betreiber sowohl Ex-Fußball-Profi als auch Iraner ist: Es handelt sich um einen Ex-Nationaltorwart des Iran.

Und damit wären wir bei der weiteren Entwicklung der Kioskkultur angekommen.

Denn wer macht heute die Jobs, die kein Deutscher mehr machen will? Ausländer! Und sie machen, ganz im Gegenteil zu Fußballern, den kölschen Kiosk zum Alltagsphilosophentreff. Der intelligenteste Einwohner des Veedels ist heute oft der Kioskbesitzer aus Persien. Nicht selten ist er ein Intellektueller, der einst vor den Schergen der Scharia seine Haut retten konnte, jedoch nicht seinen Titel: Denn weder das iranische Abitur noch der iranische Doktortitel berechtigen den Mullah-Flüchtling zum Studium an der deutschen Hochschule bzw. zum Praktizieren in deutschen Krankenhäusern. Deshalb stellen Menschen wie diese innerhalb der endlosen Masse von selbstständigen Geisteswissenschaftlern und sonstigen Akademikern

mit Immatrikulationshintergrund in Köln die Mehrheit unter den Copy-Shop-Besitzern, Taxifahrern, Pizza-Bringdienst-Unternehmern und eben Kioskbetreibern.

Es sollte den Kunden also nicht verwundern, wenn er des Nachts einigermaßen unnüchtern mit seiner neuen Bekanntschaft weitere Getränke zwecks Vertiefung der Bekanntschaft ordert (»Und weiße Mäuse.« – »Ich liebe weiße Mäuse!« – »Echt? Ich auch! Hihihihi...«), er vom Kioskbetreiber aus dem Land Zarathustras ein Zitat des altehrwürdigen deutschen Dichters Abraham a Santa Clara mit auf den Heimweg bekommt: »Das hat der Wein, dass er einen kann zum Narren machen, wenn man ihn unmäßig sauft in sich

Dat Wasser vun Kölle es jot!

hinein!« Und antwortet der Jungspund noch voll Übermut: »Ist ja kein Wein, ist ja nur Bier. Hömpf!«, so denkt der romantische Liebhaber spätestens dann, wenn er statt der erhofften fluffig-schambehaarten oder glänzend-glattrasierten Vagina einen ausgeprägten Ständer im Höschen der neuen Bekanntschaft ertastet, an die Weltgewandtheit des gebildeten Persers mit dem erstaunlichen

Fachwissen in Sachen deutsche Barocklyrik. Natürlich war der Kioskbetreiber früher einmal Direktor der geisteswissenschaftlichen Fakultät der Universität Teheran oder Gehirnchirurg in Isfahan. Oder er ist der Sohn des ehemaligen Privatlehrers des Sohns des ehemaligen Schahs. Solche Leute betreiben in Köln die Kioske!

Erst, wenn der letzte Edeka geschlossen,

der letzte Rewe um Mitternacht dicht,

der letzte Netto zugemacht,

und Aldi-Lidl nicht mehr wach,

erst dann werdet ihr merken,

dass ihr in Köln immer noch zum Kiosk könnt.

(Weissagung des Häuptlings der eingeborenen »Poller Nejerköpp«)

Solltest du, lieber Wanderer, dich mit der Frage beschäftigen, selbst einen Kiosk zu eröffnen, so beachte: Die Nähe öffentlicher Parkanlagen ist eine sehr gute Voraussetzung. Schüler, Studenten und U-30-Touristen holen sich ihr Bier lieber am Kiosk und trinken es auf der Wiese sitzend, als dass sie im Biergarten für doppelt so viel Geld halb so viel Bier bekommen und dazu noch die schlechte Musik des Betreibers ertragen müssen. Dann lieber die schlechte Musik aus dem Ghettoblaster testosterongetriebener Halbwüchsiger nebenan auf der Wiese – das ist wenigstens authentisch. Der allerbestverdienende Kioskbesitzer müsste nach den Recherchen des Autors jedoch jener am Brüsseler Platz im Belgischen Viertel sein. Hier trifft sich an lauen Sommerabenden die Jugend von Köln – wobei Jugend in Köln jeden meint, der sich selbst dafür hält – zum öffentlichen Palavern und Anbandeln. Wenn der Kioskbetreiber nicht jeden Abend Gott dankt, dass er diesen Kiosk eröffnet hat, dann ist er entweder ein total arrogantes Arschloch – oder er glaubt einfach nicht an Gott.

Intellektuellen-Kiosk in Uni-Nähe

Immer jet loss he – immer was los!

»Annemie, isch kann nie mieh!«
(Fred Fußbroich, erster Kölner Reality-Star)

Für Außenstehende mag Köln mit seinen Ausschweifungen der Vorstellung vom Paradies schon ziemlich nahe kommen, für die Kölner selbst ist es manchmal die Hölle. In der schönsten Stadt der Welt zu leben, fordert seinen Tribut: Ständig ist was los, ein Event jagt das nächste. Nicht umsonst nennt man Köln in der englischsprachigen Welt: the city that never sleeps. Als ich auf meiner letzten New-York-Reise auf die Frage nach meiner Herkunft antwortete: »Cologne«, erhellte ein wissendes Strahlen das Gesicht meines Gegenübers und er sagte: »Welcome in the city that never sleeps.« – »You are welcome!«, erwiderte ich. So ein Ruf verpflichtet. Nie kehrt Stille ein, immer steppt irgendwo der Bär. Ruhig ist es höchstens in Lindenthal und Rodenkirchen. Der Kölner läuft pausenlos im Erwachsenen-ADHS-Modus auf Hochtouren. Ständig redet er, singt er oder lamentiert er. Eher wird ein Vampir zum Vegetarier, als dass ein Kölner mal von sich aus fünf Minuten die Klappe hält. Manchmal denke ich, wir Kölner existieren nicht auf dem Descart'schen Bewusstseins-Level »Ich denke, also bin ich« (lat. »Cogito ergo sum«), sondern auf »Ich schwaade, also bin ich« (lat. »Dico ergo sum!«). Und warum ist er am Schwaade, der Kölner? Damit er was zum Poppen findet. Denn letztlich geht es auch in Köln, wie überall auf der Welt, immer nur um das Eine: »Wer poppe will, muss fründlich sin« (lat. »Copulo ergo sum«). Aber der Kölner lässt sich deutlich mehr als andere einfallen, damit die Rahmenbedingungen dafür erfolgversprechend sind.

Kölsche Arbeitsmoral

Für das Grundrauschen in der Stadt sorgen nicht nur endlos viele Events, sondern vor allem die im Stadtbild allgegenwärtigen Baustellen. Wundere dich nicht, Wanderer: Köln ist ständig so voll mit Baustellen wie das Gesicht eines Dreizehnjährigen mit Pickeln. Nur dass die Pickel irgendwann wieder verschwinden. Die Kölner Baustellen jedoch vermehren sich wie die Karnickel. Wer einmal miterlebt hat, in welchem Rhythmus Kölner Bauarbeiter ihr Tagwerk begehen, fragt sich, wie der Kapitalismus den Sozialismus ökonomisch überleben konnte: Punkt sieben werfen Bauarbeiter in Köln alle ihnen zur Verfügung stehenden Bagger, Presslufthämmer und Bohrmaschinen auf einmal an, um sämtlichen Anwoh-

nern zu signalisieren, dass sie pünktlich zur Arbeit erschienen sind: »Wer suffe kann, kann och arbeide.« Kurz vor acht, wenn alle Anwohner erfolgreich aus dem Bett geschmissen sind, machen die Bauarbeiter eine ausgedehnte Frühstückspause, an die sich die Mittagspause bis um eins direkt anschließt. Aber genau dann, wenn sich der erste Anwohner, der sich todmüde bis zum Mittag durch den Tag gequält hat, ein kurzes Nickerchen auf dem Sofa gönnen will, lassen es die Bauarbeiter wieder aus allen Dieselaggregaten dröhnen. Bis Punkt drei. Ab da packen sie langsam ihr Werkzeug zusammen, parken den Bagger, erneuern das Baustellenband und schlagen die Zeit sonst irgendwie tot. Und wenn nach drei Jahren die Straßendecke erneuert ist, geht alles wieder von vorne los wegen der neuen Glasfaserkabel der Telekom. Sobald dann alles wieder zugeschüttet ist, müssen die Gaszuleitungen erneuert werden. Ist dies erledigt, folgen die Wasserrohre. Oh, die Stromkabel hätten ja gleich mitgemacht werden können. Reißen wir die Straße eben noch mal auf ... »Scheißejal, scheißejal ...«

Jedes Wochenende des Jahres findet irgendein Großereignis statt, welches die halbe Stadt lahmlegt. Brückensperrung hier, Straßensperre dort. Nacht-Dreharbeiten da, Parkverbot hier. Der Ausnahmezustand ist der Normalzustand. Das ist natürlich selbst gewähltes Elend und entspricht im Übrigen völlig der Mentalität des Rheinländers: Am liebsten hätten die Kölner den Ganzjahreskarneval und würden feiern, feiern, feiern – doch dann wäre es ja nichts Besonderes mehr. Und es hält kein Mensch auf Dauer durch! Auch Kölner Lebern brauchen mal Pause, den einen Tag zwischendurch! Also nichts mit Ganzjahreskarneval. Aber der innere Schweinehund ist ein Biest und lässt nicht locker: So haben sich die Menschen in den Think-Tanks (vulgo Kneipen) andere, harmlos klingende Namen ausgedacht, unter denen jetzt den Rest des Jahres über gefeiert wird. Also sieht das Jahr in Köln – ohne EM oder WM – ungefähr so aus (unvollständige Aufzählung):

Der Karneval beherrscht die Szenerie vom 27. Dezember bis zum Aschermittwoch komplett und total. Unmittelbar nach Weihnachten geht es mit den Sitzungen los.

Tipp

Wer an Karneval etwas wirklich Lustiges sehen will, der schaue sich Helge Schneider an. Helge spielt – hoffentlich noch viele Jahre – von Karnevalsfreitag bis Rosenmontag allabendlich in der Philharmonie. Achtung: schnell ausverkauft!

Im März findet die lit.cologne statt, das weltgrößte Literaturfestival (sagen zumindest mal wieder die Kölner). Im April das Acht-Brücken-Musik-Festival. Im Mai das Streithähne-Festival für politisches Kabarett. Und die philosophisch angehauchten Nachdenktage phil.cologne. (Richtig erkannt, Wanderer: Es wird von den gleichen Veranstaltern organisiert wie die lit.cologne. Angeblich laufen schon Planungen für ein cin.cologne-Film-, das pop.cologne-Musik-, das dram.cologne-Theater- und ein fuck.cologne-Erotik-Festival.) Ende Mai bis Anfang Juni das Sommerblut-Festival, gefolgt vom Kölner Sommer-Festival, das sich, wie der Name schon sagt, durch den ganzen Sommer zieht. Nicht zu vergessen das Reggae-Festival Summer Jam. Und natürlich die »Kölner Lichter«, das größte Feuerwerk am Rhein, das selbstredend ein ganzes Wochenende lang gefeiert werden und live im TV übertragen werden muss. Sehr karnevalesk und deshalb in Köln ganz besonders beliebt bei Groß und Klein ist der Christopher Street Day im Juni. Hunderttausende Heteros jubeln am Straßenrand dem Schwulen- und Lesben-Karneval zu und schreien Alaaf, während die Communitys in Sachen Sex dem echten Karneval an diesem Wochenende in nix nachstehen.

Woanders Paradiesvögel, in Köln total normal: homosexuelle Spießer

Ob homo, bi, ob hetero

Nicht nur am CSD bestimmen die queeren Communitys das Stadtbild mit. Köln ist schon seit Jahrzehnten die Stadt mit der lebendigsten schwullesbischen Szene in ganz Deutschland, und das sehr selbstverständlich und unaufgeregt, denn auch hier gilt: Jeder Jeck ist anders. Beziehungsweise: »Ob homo, bi, ob hetero / in Kölle, da wird jeder froh.« Schon in den 80ern, als in Bayern noch der Gauweiler Peter zur Schwulenhatz rief, sangen in Köln massenhaft Heteros begeistert mit, als der erste schwule Rockstar Kölns, Jürgen Zeltinger, ins Mikro hauchte: »Isch bin en Tunt, bin kerngesund / nur mein Popo, der ist ja noch so wund.« Im Übrigen sind die meisten Schwulen und Lesben in Köln genauso wenig und so viel spießig wie alle andern auch: Ehe, Hund, SUV, Reihenhaus mit Garten. In meiner Nachbarschaft wohnt ein ebensolches Pärchen, welches aber doch wieder besonders ist, denn der Mann ist Russe und der andere Mann ist Amerikaner. Seit mehr als 20 Jahren leben sie zusammen. Frieden ist machbar, Herr Nachbar!

Fast im Jahresrhythmus findet inzwischen auch das Birlikte / Arsch-Huh-Event statt, in dem die Kölner sich und der Welt bei viel Kölsch und kölscher Musik immer wieder aufs Neue versichern, dass sie weltoffen, tolerant und keineswegs rassistisch oder fremdenfeindlich sind. Nichtsdestotrotz gibt es die Rassisten und Fremdenfeinde auch in Köln. Aber immerhin haben sie hier nicht die Hoheit!

Im August zieht die Gamescom Nerds aus aller Welt an den Rhein: Dort können die Besucher anderen Besuchern auf Großbildleinwänden dabei zusehen, wie sie gegeneinander Computerspiele spielen. Dazu gibt es abends auf den Ringen zahlreiche Open-Air-Bühnen mit kostenloser Musik und sehr kostenpflichtigem Bier.

Nach den Sommerferien naht bereits das Cologne Conference TV- & Filmfestival. Im Oktober findet – quasi als Vorgeschmack auf die nächste Karnevals-Session – unter dem Motto »Köln lacht!« das ultralustige Köln-Comedy-Festival statt, bevor die Session selbst dann am 11.11. wieder mit einem stadtweiten Kolossalbesäufnis eingeläutet wird. Zudem verwandelt sich ab Mitte November die komplette Innenstadt in Europas größten und weltweit zweifellos allerschönsten Weihnachtsmarkt, auf dem sich vier Stände-Arten mit Holzspielzeug, Pommes, Kunsthandwerk und Glühwein, Holzspielzeug, Pommes, Kunsthandwerk und Glühwein, Holzspielzeug... über mehrere Quadratkilometer hinweg abwechseln.

Gefährlicher Weihnachtsmarkt!

Opjepass! Obacht! Der Weihnachtsmarkt ist nicht ungefährlich, besonders für Briten und Holländer. Zahlreiche Horrorgeschichten über verloren gegangene Weihnachtsmarktbesucher sind in Köln im Umlauf. Etwa die über John-George aus Southampton, der an einem Glühweinstand am Chlodwigplatz im Gedränge den Anschluss an seine Reisegruppe verlor und anschließend aus dem Treiben nicht mehr herausfand, weil alles gleich aussah. John-George irrte tagelang orientierungslos durch die engen, überfüllten Gassen zwischen den normierten Holzhütten umher.

»Ich habe ständig versucht, die Domspitzen zu sehen«, berichtete er nach seiner Rettung, »um mich daran zu orientieren. Aber zwischen den Hütten gab es keinen Domblick nirgends.« Erst als der Markt nach Weihnachten abgebaut wurde, fand man den wegen seiner auf Glühwein und Reibekuchen reduzierten Ernährung völlig dehydrierten und delirierenden John-George. Anschließend wurde er per UPS total traumatisiert zurück nach Hause zu seiner Familie geschickt. Besonders tragisch: Betty-Susan, die Frau von John-George, war inzwischen bereits neu verheiratet:

»Ich habe Daan-Bram aus Rotterdam, der in Köln versehentlich in unseren Reisebus eingestiegen war, mit nach Hause genommen. Erst am nächsten Morgen bemerkte ich, dass das gar nicht John-George war. Irgendwann dachte ich, ich sehe John-George sowieso nie wieder. Deshalb haben wir geheiratet. Dieser Glühwein ist echt ein Wahnsinnszeug!« Alle drei sind sich dennoch einig: »Wir kommen wieder! Köln ist eine tolle Stadt! Und beim nächsten Mal bleiben wir bis Karneval.« Und gemeinsam singen sie: »Da simmer dabei, dat is prima – viva Colonia!«

Es gibt natürlich auch noch die Photokina, die Art Cologne, die Möbelmesse und Dutzende andere Messen, drüben auf der Schäl Sick, die Woche für Woche Tausende Fachbesucher aus aller Welt an den Rhein bringen. Und die wollen natürlich alle, sobald die Ausstellungshallen ihre Pforten schließen, was erleben! Kölle, wir kommen!

Letztlich wurde vermutlich auch der Dom nur deshalb gegen alle in der Bevölkerung herrschenden Widerstände doch noch fertiggestellt, weil jemand erkannt hat, dass der überdimensionierte Sakralbau mittel- und langfristig Fremde anlockt. Ob er dabei auch schon die vielen Chinesen und Japaner im Kopf hatte, weiß ich nicht zu sagen, doch heißen die Kölner auch sie willkommen. Wer weiß, was sie Gutes im Gepäck haben!

Tourbus der Kölner Haie? Oder nur eine Ladung Schulterpolster?

Dann der Sport: Es gibt den Brückenlauf, den Köln-Marathon für Skater und den Köln-Marathon für Läufer. Es gibt das Radrennen »Rund um Köln«. Es gibt Nordic-Walking-Events wie »Rund um den Fühlinger See«, eine Art Formel 1 für übergewichtige

Fußgänger, die sich im Hochsommer auf Skistöcken abstützen. Den EffCee (1. FC Köln) und die Haie (Eishockey) gibt es sowieso. Und allein wegen seines Namens lockt natürlich auch der Jogger-Treff »Lauf, Mama, lauf!« zahlreiche, nicht immer astrein beleumundete Zuschauer jeden Alters an. Der Kölner tut wirklich alles, damit ständig was los ist. Insofern ist Köln auch hier stadtgewordene Satire: Sie darf alles, nur nicht langweilig sein. Ein Nebeneffekt dieser Hyperaktivität ist, dass der Kölner niemals mit sich selbst alleine sein muss. Dies ist nämlich seine Horrorvision: vielleicht aus Angst vor dem, was er dann entdecken würde, und

Kölsche Pinguine: Hier trägt man zum Smoking einen Hut

noch mehr aus Angst davor, dass er sich dem stellen und vielleicht sogar etwas ändern müsste. Darauf zu warten, dass ein Kölner in sich geht – da kannst du auch in ein Cello reinpinkeln und warten, dass Musik rauskommt. Du siehst, Wanderer, ein bisschen Tragik lauert auch beim fröhlichsten Volk auf Erden unter der Oberfläche. Selbst, wenn es wieder heißt: »Kölle Alaaf!«

Auch ein Filmfestival gibt es jährlich in Köln

Zum Schluss
ein Witz ...

Ein Berliner und ein Kölner sitzen im Café »Größenwahn«.

Kölner: »Bei uns wird ja so viel jebuddelt. Was da für Zeug jefunden wird, sensationell.«

Berliner: »Ja, wat denn, wat denn, wat denn?«

Kölner: »Neulich haben sie zum Beispiel ganz viele alte Drähte gefunden. Weiß du, was das bedeutet? Sensationell!«

Berliner: »Ja, wat denn, wat denn, wat denn?«

Kölner: »Dass es in Köln schon vor 2000 Jahren ein funktionierendes Telefon-Festnetz gab. Sensationell!«

Berliner: »Bei uns wird ja och viel jebuddelt.
Und weißte, wat se da allet gefunden haben?«

Kölner: »Wat?«

Berliner: »Nüscht! Sensationell. Weißte, was ditte bedeutet?«

Kölner: »Wat?«

Berliner: »Dit bedeutet, dass es in Berlin schon vor 2000 Jahren ein funktionierendes Handy-Funknetz gab.«

Zugabe

Mer han de Kölner Dom

Rom hät de
Villa Borghese und dat Forum Romanum,
Piazza Navona, Vatikan, Kollosseum,
die Engelsburg und das alte Pantheon,
Straciatella, Schweizer Garde und den Petersdom.

Refr.: Doch wat se nit han in Rom, dat is der Kölner Dom.
Doch wat se nit han in Rom, dat is der Kölner Dom,
nur mer he in Kölle, mer han de Kölner Dom.

Der Circus Maximus und die Via Appia,
die Spanische Treppe, op jede Piazza ne Pizza,
Trastevere, den Papst und La Bella Donna,
Erbaut op sieben Hüjeln, alle mit Bellavista.

Refr.: Doch wat se nit han in Rom, dat is der Kölner Dom.
Doch wat se nit han in Rom, dat is der Kölner Dom,
nur mer he in Kölle, mer han de Kölner Dom.

Amaretto, Ramazotti und lecker Bruschetta,
Martini Bianco, Spaghetti Carbonara,
'ne Cappuccino mit Sahne op de Via Veneta,
dat is La dolce Vita, shalalalala.

Refr.: Doch wat se nit han in Rom, dat is der Kölner Dom.
Doch wat se nit han in Rom, dat is der Kölner Dom,
nur mer he in Kölle, mer han de Kölner Dom,
nur mer he in Kölle, mer han de Kölner Dom.

Dieses Lied zum Mitschunkeln und Nachspielen
gesungen von Robert Griess

Danksagung

Großen Dank an alle, die mir mit Informationen, Tipps und Anekdoten geholfen haben. Ganz besonderer Dank an Thomas Breitenbroich für seine Übertragungen der Kölsch-Passagen in ihr Schrift-Kölsch. Klaus Gereon Beuckers für seinen wunderbar liebevollen Blick und seine Kommentare aus der Distanz auf seine Heimatstadt. Ilona Bernhardt und Manfred Kasper gaben mir unverzichtbare Ratschläge über Nippes. Cristina Fernandez und Kazem Heydari taten Selbiges für Ehrenfeld, Pari Mostofi für Mülheim. Vielen Dank an Triada Paraschas sowie Lina und Oskar Griess für die mentale Unterstützung, das Lachen an den richtigen Stellen und die vielen erhellenden Gespräche. Und natürlich gilt mein Dank der schönsten Stadt der Welt!

Fotonachweis

Alle Fotos	Jochen Manz
Außer:	
Seite 2/3	JiSign/fotolia.com
Seite 44	bluedesign/fotolia.com
Seite 140	photka/fotolia.com
Seite 172	Christian Schultz
Covermotiv	A_Bruno + ynoclub/fotolia.com
	Fotomontage: Karl Serwotka

Kölscher Marmor

Christian Schultz

Redakteur, TV-Producer und Autor

Christian Schultz ist Redakteur, TV-Producer und Autor. Spätestens seit mitten im August 1993 an einem heißen Sonntagvormittag der Bundesschützentambourcorps und Regimentsspielmannszug der Kölner Funken Artillerie Blau Weiss von 1870 e.V. in voller Montur und mit voller Trompete – vermutlich zum Trainieren – unter seinem Fenster in Köln vorbeizog, weiß er, dass es die Kölner wirklich ernst meinen mit dem Karneval. De Zoch kütt halt, wann er will. Die Mengen an Kamelle, die seine Kinder bei diversen Veedelszügen der Session 1994 eingesammelt haben, ist bis heute absolut rekordverdächtig. Lange war er als freier Producer und Autor für diverse ARD-Anstalten, 3Sat und VOX/Köln im Bereich Show, Kabarett, Comedy sowie Sitcom und Serie tätig, seit 2016 ist er Leiter der Programmplanung bei der ARD Degeto Film GmbH.

Neben Klassikern wie »Ottis Schlachthof« (BR) und dem »Bayerischen Kabarettpreis« (BR) konzipierte und produzierte er die Sitcom »Spezlwirtschaft« (BR), den »Satire Gipfel« (ARD), »Puschel-TV mit Alfons« (SR), »Schroeder! – Die Kabarettshow« mit Florian Schroeder (SWR) und arbeitete als Autor für Seitensprung (3Sat). Darüber hinaus war er für Künstler wie Ottfried Fischer, Florian Schroeder (Offen für alles und nicht ganz dicht, Rowohlt Verlag, 2011), Klaus Karl Kraus (Kabarett aus Franken) u.v.a. tätig.

Der Fotograf

Jochen Manz

Jochen Manz ist Fotograf und Vielflieger. Seit seinem Design-Studium arbeitet er international für Agenturen und Verlage.

Neben Auftragsarbeiten und zahlreichen Ausstellungen (u.a. The Gagosian Gallery in NYC) veröffentlichte er bisher Fotobücher über Bollywood, Hiroshima und die Bankenkrise. Mit einer Kampagne für den WWF war Jochen Manz 2013 Gewinner des Goldenen Löwen in Cannes. Nach 20 Jahren Beverly Sülz hat er sich für einen Umzug nach Nippes entschieden.

MM-City: die Städteführer

Mit Reise-Profis durch Mini-Metropolen und Weltstädte:

- praktische Infos und Hintergrundwissen
- individuelle Autorentipps
- Stadtrundgänge mit detaillierten Karten

Über 220 Reise-, City- und Wanderführer
zu Europa und der Welt

Impressum

Köln – Satirisches Handgepäck von Robert Griess

Herausgeber: Christian Schultz

Covergestaltung: Karl Serwotka

Projektregie: Corinna Brauer

Layout: promedia designbüro, Erlangen

ISBN 978-3-95654-407-1

© Copyright Michael Müller Verlag GmbH, Erlangen 2016

Alle Rechte vorbehalten. Alle Angaben ohne Gewähr.

Druck und Bindung: Livonia Print, Riga

1. Auflage 2016

www.michael-mueller-verlag.de